Índice

Introducción	02
20 Ideas para ganar dinero desde casa	04
Resumen de las oportunidades	81
Conclusión	84

Luis López

Introducción

¿Te has detenido alguna vez a imaginar cómo sería despertar por la mañana, tomar una taza de café caliente y dirigirte tranquilamente a tu oficina en casa, listo para comenzar tu jornada laboral sin la molestia del tráfico o la presión de un jefe exigente? La idea de ganar dinero desde la comodidad de tu hogar puede parecer un sueño inalcanzable para muchos, pero ¿y si te dijera que es totalmente posible?

Quizás te identifiques con la creciente cantidad de personas que buscan alternativas a los tradicionales empleos de 9 a 5, deseosos de encontrar una forma de ganarse la vida desde la seguridad y el confort de su propio hogar. Sin embargo, es probable que te encuentres enfrentando un desafío común: la dificultad para encontrar información confiable y práctica sobre cómo lograrlo. La web está plagada de promesas vacías, esquemas engañosos y consejos genéricos que no se adaptan a tu situación única. La pregunta es: ¿cómo puedes sortear este mar de información confusa y encontrar las verdaderas oportunidades que te llevarán al éxito financiero desde casa?

Permíteme presentarte "20 Oportunidades de Oro para Ganar Dinero desde Casa", tu guía completa para explorar una variedad de formas viables y efectivas de generar ingresos sin salir de tu hogar. Este ebook ha sido cuidadosamente diseñado para ofrecerte un mapa detallado hacia la libertad financiera, proporcionándote las herramientas y estrategias necesarias para dar el salto hacia una vida de independencia y prosperidad.

En las páginas siguientes, te llevaré en un viaje fascinante a través de 20 ideas concretas y probadas para ganar dinero desde casa. Desde trabajos freelance y venta de productos en línea hasta marketing de afiliados y generación de ingresos pasivos, aquí encontrarás una amplia gama de opciones para explorar y poner en práctica.

Luis López

Pero eso no es todo. Además de presentarte estas emocionantes oportunidades, te proporcionaré ejemplos prácticos, consejos útiles y recursos únicos para cada idea, asegurándome de que tengas todo lo que necesitas para empezar a construir tu camino hacia la independencia financiera desde la comodidad de tu hogar.

Este ebook no solo es una fuente de información valiosa, sino también una invitación a transformar tu vida y hacer realidad tus sueños de libertad y prosperidad. ¡Prepárate para dar el primer paso hacia un futuro más brillante y lleno de posibilidades!

— Luis López

Luis López

20 Ideas para ganar dinero desde casa

OPORTUNIDAD 1: VENTA DE FOTOGRAFÍAS EN LÍNEA

La venta de fotografías en línea es una excelente manera para fotógrafos aficionados y profesionales de monetizar su pasión y talento desde la comodidad de su hogar. Capturar momentos únicos, escenas impresionantes o conceptos creativos puede ser más que una afición; puede ser una fuente de ingresos estable y gratificante.

¿Qué emplica la venta de fotografías en línea?

La venta de fotografías en línea es un proceso que involucra la creación y comercialización de imágenes de alta calidad en internet. Para que una fotografía sea exitosa en este mercado, debe ser visualmente atractiva y técnicamente sólida. Esto significa que la imagen debe tener una composición bien definida, una iluminación adecuada, colores vibrantes o tonos adecuados según el estilo, y estar libre de imperfecciones técnicas como el ruido, la distorsión o la falta de nitidez.

Una vez que el fotógrafo ha capturado y procesado las imágenes, el siguiente paso es subirlas a plataformas especializadas diseñadas para la venta de fotografías en línea. Estas plataformas actúan como mercados virtuales donde los usuarios pueden buscar, previsualizar y comprar imágenes para una variedad de fines, que van desde el uso comercial en publicidad y marketing, hasta el uso editorial en revistas y periódicos, o simplemente con fines decorativos en sitios web, blogs o redes sociales.

Luis López

Lo que distingue a estas plataformas es su capacidad para actuar como intermediarios entre los fotógrafos y los compradores. Gestionan todo el proceso de transacción, desde la selección y adquisición de las imágenes por parte de los compradores, hasta la entrega de los archivos digitales y la gestión de los derechos de autor y licencias de uso. Esto libera al fotógrafo de la carga administrativa y legal asociada con la venta de sus imágenes, permitiéndole centrarse en lo que mejor sabe hacer: capturar momentos y crear arte visual.

En resumen, la venta de fotografías en línea ofrece a los fotógrafos una oportunidad única de llegar a una audiencia global, comercializar su trabajo y generar ingresos pasivos desde la comodidad de su hogar. Al aprovechar estas plataformas especializadas, los fotógrafos pueden convertir su pasión por la fotografía en una fuente de ingresos confiable y sostenible, mientras satisfacen las necesidades y demandas de una amplia gama de clientes en todo el mundo.

¿Cómo empezar a vender tus fotografías en línea?

1. **Crea fotografías de calidad**: La base de cualquier negocio de venta de fotografías es la calidad de las imágenes. Asegúrate de tomar fotografías de alta resolución, bien compuestas, con una iluminación adecuada y enfoque nítido. La calidad importa.
2. **Identifica tu nicho**: Es importante encontrar un nicho en el que te sientas cómodo y en el que puedas destacar. ¿Te apasiona la fotografía de naturaleza, retratos, viajes, comida? Encuentra tu pasión y concéntrate en ella.
3. **Regístrate en plataformas de venta de fotografías**: Hay varias plataformas en línea donde puedes vender tus fotografías. Algunas de las más populares incluyen **Shutterstock, Adobe Stock, Getty Images, iStock**, entre otras. Investiga y elige las que mejor se adapten a tus necesidades y estilo de trabajo.
4. **Sube tus fotografías**: Una vez que te hayas registrado en las plataformas seleccionadas, sube tus fotografías siguiendo las pautas específicas de cada una. Asegúrate de etiquetar y categorizar tus imágenes correctamente para que sean fácilmente encontradas por los compradores.

Luis López

Monetización y ganancias

La monetización de tus fotografías se basa en la venta de licencias de uso, un proceso mediante el cual los compradores adquieren el derecho legal para utilizar tus imágenes de acuerdo con ciertos términos y condiciones. Estas licencias pueden variar en función de diversos factores, como el propósito de uso, la duración, la geografía y la exclusividad.

Los compradores pueden optar por licencias estándar, que les permiten utilizar las imágenes de manera limitada y específica, ya sea con fines comerciales, editoriales o decorativos. Estas licencias suelen ser más económicas y restringen el número de copias impresas, el tamaño de la audiencia o el tipo de medios en los que se pueden utilizar las imágenes.

Por otro lado, las licencias extendidas ofrecen una mayor flexibilidad y libertad para el uso de las imágenes. Esto puede incluir el derecho a utilizar las imágenes en una amplia variedad de proyectos, medios y territorios, así como la producción de copias impresas ilimitadas o la redistribución de las imágenes de manera modificada o compilada.

Cada plataforma de venta de fotografías tiene su propio sistema de precios y comisiones, lo que significa que los fotógrafos pueden recibir una parte de las ventas que varía según varios factores. Estos pueden incluir la exclusividad de la imagen, es decir, si la imagen está disponible exclusivamente en esa plataforma o si se vende en múltiples sitios; el tamaño y la resolución del archivo, que pueden afectar el precio de venta; y otros factores como la popularidad del fotógrafo, la demanda del mercado y la calidad percibida de las imágenes.

En general, la venta de licencias de uso de tus fotografías puede ser una fuente lucrativa de ingresos pasivos, permitiéndote generar ingresos recurrentes a partir de un trabajo que ya has realizado. Al comprender las diferentes opciones de licencias, los precios y las comisiones asociadas con cada plataforma, puedes maximizar tus ganancias y aprovechar al máximo tu talento como fotógrafo.

Luis López

OPORTUNIDAD 2: CREACIÓN DE UN BLOG O CANAL DE YOUTUBE

CREACIÓN DE UN BLOG

Crear un blog es más que simplemente lanzar un sitio web. Implica establecer una plataforma en línea donde puedas compartir contenido de manera regular sobre un tema específico que te apasione o en el que tengas experiencia. Este contenido puede adoptar diversas formas, desde la redacción de artículos hasta la publicación de videos, la compartición de fotografías, la creación de infografías y más. Un blog te permite expresar tus ideas, compartir tus conocimientos y conectar con una audiencia interesada en lo que tienes que decir.

Beneficios de crear un blog:

1. **Establecer tu presencia en línea:** Un blog te proporciona un espacio personal en la vasta red de internet donde puedes mostrar tu trabajo, tu creatividad y tu personalidad. Es tu carta de presentación digital, donde puedes destacar tus logros, proyectos y pasiones.
2. **Conectar con una audiencia:** Un blog te permite llegar a personas de todo el mundo que comparten tus intereses y preocupaciones. Puedes conectar con tu audiencia a través de comentarios, redes sociales y correo electrónico, construyendo una comunidad comprometida y leal en torno a tu contenido.
3. **Demostrar tu experiencia:** Un blog es una plataforma para mostrar tu experiencia y autoridad en un área particular. Ya sea que seas un experto en tecnología, un aficionado a la cocina, un amante de los viajes o un experto en marketing digital, un blog te permite compartir tus conocimientos y experiencias con el mundo.

Cómo crear un blog:

1. **Elige tu plataforma:** Hay varias plataformas de blogging disponibles, cada una con sus propias características y ventajas. Algunas de las opciones más populares incluyen WordPress, Blogger, Wix y Squarespace. Investiga cada plataforma para encontrar la que mejor se adapte a tus necesidades y habilidades técnicas.
2. **Regístrate y configura tu blog:** Una vez que hayas elegido una plataforma, regístrate y configura tu blog. Esto incluye seleccionar un nombre de dominio, elegir un diseño de sitio web, y personalizar la apariencia y funcionalidad de tu blog según tus preferencias.
3. **Crea y publica contenido:** Empieza a crear contenido relevante y valioso para tu audiencia. Escribe artículos informativos, comparte consejos útiles, publica videos instructivos y muestra tus proyectos o experiencias. Mantén una programación regular de publicación para mantener a tu audiencia comprometida y volver por más.
4. **Promociona tu blog:** Promociona tu blog a través de las redes sociales, el correo electrónico, el SEO (Optimización de Motores de Búsqueda) y colaboraciones con otros bloggers. Cuanto más visibilidad obtenga tu blog, más tráfico y seguidores atraerá.

Las mejores plataformas de blogging:

- **WordPress:** Con una amplia gama de temas y complementos personalizables, WordPress es una opción popular para bloggers de todos los niveles de experiencia.
- **Blogger:** Propiedad de Google, Blogger es una plataforma de blogging sencilla y fácil de usar que es ideal para principiantes.

Formas de monetizar un blog:

1. **Publicidad contextual:** Mediante programas como Google AdSense, puedes mostrar anuncios relevantes en tu blog y ganar dinero cada vez que un visitante hace clic en uno de esos anuncios. La cantidad que ganas depende del número de clics y de la competencia en tu nicho.

2. **Marketing de afiliación:** Promocionar productos o servicios de otras empresas a través de enlaces de afiliados. Por cada venta o acción realizada a través de tus enlaces, ganas una comisión. Esto puede incluir la promoción de productos físicos, servicios en línea, cursos, libros electrónicos y más.

3. **Venta de productos o servicios propios:** Si tienes tu propio producto o servicio, puedes venderlo directamente desde tu blog. Esto puede incluir libros electrónicos, cursos en línea, consultoría, servicios de diseño gráfico, productos físicos, entre otros.

4. **Contenido patrocinado:** Las marcas pueden pagarte por escribir reseñas o publicar contenido patrocinado en tu blog. Esto implica colaborar con marcas relevantes para tu nicho y crear contenido que promocione sus productos o servicios de manera auténtica y transparente.

5. **Membresías o suscripciones:** Ofrecer contenido exclusivo o premium a tus lectores a cambio de una tarifa de membresía o suscripción mensual. Esto puede incluir acceso a artículos exclusivos, descargas gratuitas, videos tutoriales, webinars en vivo, entre otros beneficios.

6. **Eventos y conferencias:** Organizar eventos en línea o fuera de línea, como seminarios web, conferencias o talleres, y cobrar una tarifa de entrada. Estos eventos pueden ofrecer contenido educativo, oportunidades de networking y acceso a expertos en tu campo.

7. **Donaciones o propinas:** Permitir que tus lectores te apoyen voluntariamente a través de donaciones o propinas. Puedes ofrecer un botón de donación en tu blog o utilizar plataformas de financiación colectiva como Patreon para gestionar las contribuciones de tus seguidores.

CREACIÓN DE UN CANAL DE YOUTUBE

Crear un canal de YouTube es mucho más que simplemente subir videos a internet. Implica producir y publicar contenido visual en la plataforma de YouTube sobre un tema específico que te apasione o en el que tengas experiencia. La variedad de contenido que puedes crear es casi ilimitada, desde tutoriales prácticos y vlogs personales hasta reseñas de productos, entrevistas con expertos, cobertura de eventos, y mucho más. YouTube ofrece una plataforma poderosa y accesible para compartir tu creatividad, tu pasión y tu conocimiento con una audiencia global.

Beneficios de crear un canal de YouTube:

1. **Alcance global:** YouTube es la plataforma de video más grande del mundo, con miles de millones de usuarios activos cada mes. Esto te brinda la oportunidad de llegar a una audiencia global y compartir tu contenido con personas de todo el mundo.
2. **Interacción con la audiencia:** YouTube ofrece diversas herramientas para interactuar con tu audiencia, como comentarios, me gusta, compartidos y suscripciones. Esto te permite conectar de manera más directa y personal con tus seguidores, responder a sus preguntas y comentarios, y construir una comunidad en torno a tu canal.
3. **Versatilidad creativa:** La versatilidad de YouTube te permite experimentar con diferentes tipos de contenido y formatos de video. Desde videos cortos y rápidos hasta largos documentales, tienes la libertad de expresarte de la manera que mejor se adapte a tu estilo y a tu mensaje.

Cómo crear un canal de Youtube:

1. **Inicia sesión en YouTube:** Si ya tienes una cuenta de Google, inicia sesión en YouTube con esa cuenta. Si no tienes una cuenta de Google, crea una nueva.
2. **Accede al menú de configuración:** Una vez que hayas iniciado sesión, haz clic en tu avatar en la esquina superior derecha de la pantalla y selecciona "Configuración".
3. **Crea tu canal:** En la página de configuración, haz clic en "Ver todas las configuraciones de cuenta". Luego, en la página de configuración de la cuenta, selecciona "Canal" en el menú de la izquierda. Haz clic en "Crear un canal nuevo" y sigue las instrucciones para establecer los detalles de tu canal, como el nombre y la descripción.
4. **Personaliza tu canal:** Una vez que hayas creado tu canal, personalízalo agregando una foto de perfil y una imagen de portada que representen tu marca o tu contenido. También puedes completar la sección "Acerca de" con información sobre ti y tu canal.
5. **Sube tu primer video:** Ahora estás listo para subir tu primer video. Haz clic en el botón "Subir" en la esquina superior derecha de la pantalla y selecciona el video que deseas subir desde tu computadora. Asegúrate de completar la información del video, como el título, la descripción, las etiquetas y la configuración de privacidad.
6. **Configura la monetización:** Si deseas monetizar tu canal y ganar dinero con los anuncios en tus videos, debes unirte al Programa de Socios de YouTube y cumplir con los requisitos de elegibilidad. Una vez que hayas alcanzado los requisitos, puedes activar la monetización en tu canal y empezar a ganar dinero con los anuncios.
7. **Promociona tu canal:** Finalmente, promociona tu canal para aumentar su visibilidad y atraer a más espectadores. Comparte tus videos en las redes sociales, colabora con otros creadores de contenido, participa en comunidades relacionadas con tu nicho y utiliza técnicas de SEO (Optimización de Motores de Búsqueda) para mejorar la visibilidad de tus videos en los resultados de búsqueda de YouTube.

Monetización de un canal de YouTube:

1. **Publicidad con Google AdSense:** Una de las formas más comunes de monetizar un canal de YouTube es a través de la publicidad. Cuando te unes al Programa de Socios de YouTube y cumples con los requisitos de elegibilidad, puedes activar la monetización en tus videos y permitir que se muestren anuncios antes, durante o después de tus videos. Ganarás dinero cada vez que un espectador haga clic en esos anuncios o vea el video durante un cierto período de tiempo.
2. **Super chat y membresías de canales:** YouTube ofrece funciones como Super Chat y membresías de canales que te permiten ganar dinero directamente de tus seguidores durante las transmisiones en vivo. Con Super Chat, tus seguidores pueden enviar mensajes destacados y donaciones durante tus transmisiones en vivo a cambio de visibilidad en el chat. Las membresías de canales, por otro lado, permiten a los seguidores pagar una tarifa mensual para acceder a beneficios exclusivos, como emojis personalizados, insignias de miembro y contenido especial.
3. **Marketing de afiliación:** Al igual que con un blog, puedes ganar dinero promocionando productos o servicios de otras empresas en tus videos a través de enlaces de afiliados. Por cada venta o acción realizada a través de tus enlaces, ganas una comisión.
4. **Patrocinios y colaboraciones:** Las marcas pueden pagarte por promocionar sus productos o servicios en tus videos. Esto puede incluir menciones de marca, reseñas de productos, integraciones de productos y más.
5. **Venta de productos o servicios propios:** Si tienes tu propio producto o servicio, puedes promocionarlo en tus videos y generar ingresos directos a través de las ventas.

En resumen, tanto la creación de un blog como la puesta en marcha de un canal de YouTube ofrecen oportunidades emocionantes para compartir tu pasión, conectar con una audiencia y generar ingresos desde la comodidad de tu hogar.

Un **blog** te permite establecer una plataforma en línea donde compartir contenido regularmente sobre temas que te apasionan o en los que tienes experiencia.

Por otro lado, un canal de **YouTube** te brinda la posibilidad de producir y compartir videos sobre una amplia variedad de temas, desde tutoriales hasta vlogs y reseñas de productos.

Ambas opciones tienen el potencial de convertirse en fuentes de ingresos significativas, pero la clave para el éxito radica en crear contenido de calidad, comprometerse con tu audiencia y explorar diversas estrategias de monetización. Con dedicación y perseverancia, tanto un blog como un canal de YouTube pueden convertirse en herramientas poderosas para alcanzar tus objetivos personales y financieros desde casa.

OPORTUNIDAD 3: COACHING PERSONAL O PROFESIONAL

El **coaching** es un proceso de acompañamiento en el que un coach (o entrenador) trabaja de manera colaborativa y orientada hacia el objetivo con un cliente para ayudarlo a identificar metas claras, superar obstáculos y alcanzar su máximo potencial en áreas específicas de su vida o carrera. Esta colaboración se basa en una relación de confianza y respeto mutuo, donde el coach actúa como un guía y facilitador del crecimiento y el cambio.

El alcance del coaching es amplio y versátil, ya que puede aplicarse a una variedad de áreas y situaciones. En el ámbito del desarrollo personal, el coaching puede centrarse en temas como el autoconocimiento, la gestión del tiempo, el manejo del estrés, la toma de decisiones y la mejora de la autoestima y la confianza. En el ámbito profesional, el coaching puede ayudar a los individuos a avanzar en sus carreras, establecer y alcanzar objetivos profesionales, mejorar sus habilidades de liderazgo y comunicación, y enfrentar desafíos en el lugar de trabajo.

Además de abordar aspectos personales y profesionales, el coaching también puede ser beneficioso en áreas relacionadas con las relaciones interpersonales, la salud y el bienestar. Por ejemplo, un coach puede trabajar con un cliente para mejorar sus habilidades de comunicación en sus relaciones personales, establecer límites saludables, desarrollar hábitos de vida más saludables o manejar mejor el estrés y la ansiedad.

En resumen, el coaching es un proceso dinámico y colaborativo que tiene como objetivo principal empoderar al cliente para que pueda alcanzar sus metas, superar obstáculos y crear una vida más satisfactoria y significativa. Al abordar una amplia gama de áreas y situaciones, el coaching ofrece un enfoque holístico y personalizado para el crecimiento y el desarrollo humano.

El coaching, al realizarse de forma remota a través de plataformas de videoconferencia, **ofrece una flexibilidad excepcional** tanto para los coaches como para los clientes. Esta modalidad elimina las barreras geográficas y permite que el coaching se realice cómodamente desde casa, independientemente de la ubicación geográfica de cada participante.

Además de la conveniencia en términos de ubicación, la realización de sesiones de coaching en línea ofrece una serie de beneficios adicionales. Por ejemplo, **permite una mayor flexibilidad en los horarios** de las sesiones, lo que facilita la coordinación entre el coach y el cliente, especialmente en casos en los que las agendas son complicadas o se encuentran en diferentes zonas horarias.

La modalidad en línea también **proporciona un entorno cómodo y familiar para el cliente**, lo que puede favorecer una mayor apertura y comodidad durante las sesiones. Muchas personas se sienten más relajadas y dispuestas a compartir sus pensamientos, sentimientos y preocupaciones desde la comodidad de su propio hogar, lo que puede facilitar un proceso de coaching más efectivo y productivo.

Además, la tecnología utilizada en las plataformas de videoconferencia permite una comunicación clara y efectiva entre el coach y el cliente, incluso a través de largas distancias. Las funciones como el chat en tiempo real, el intercambio de archivos y la posibilidad de grabar las sesiones para su revisión posterior son herramientas útiles que pueden mejorar la experiencia de coaching tanto para el coach como para el cliente.

En conclusión, la realización de sesiones de coaching en línea ofrece una serie de ventajas significativas, incluyendo la eliminación de barreras geográficas, una mayor flexibilidad en los horarios, un entorno cómodo para el cliente y herramientas tecnológicas que mejoran la comunicación y la colaboración entre el coach y el cliente. Esto hace que el coaching sea accesible, conveniente y efectivo para personas de todo el mundo que buscan alcanzar sus metas y potencial.

Luis López

Cómo trabajar de coaching online:

1. Obtener la formación y certificación necesarias: Lo primero que debe hacer alguien que quiere trabajar como coach online es obtener la formación y certificación necesarias en coaching. Existen numerosos programas de formación en coaching disponibles en línea y presenciales que ofrecen diferentes niveles de certificación. Es importante elegir un programa que esté acreditado por una organización reconocida en la industria del coaching.

2. Elegir un nicho o especialización: Una vez que se ha obtenido la formación y certificación en coaching, es importante elegir un nicho o especialización en el que se quiera trabajar. Esto puede incluir áreas como el desarrollo personal, el liderazgo, la salud y el bienestar, las relaciones interpersonales, entre otros. Es importante elegir un nicho en el que se tenga experiencia o interés, ya que esto ayudará a atraer clientes adecuados y a establecer credibilidad como experto en esa área.

3. Crear una marca personal: Desarrollar una marca personal sólida es clave para atraer clientes y destacar en el mercado del coaching online. Esto incluye la creación de un sitio web profesional que refleje tus servicios de coaching, tus credenciales y tu experiencia. También es importante estar presente en las redes sociales y en plataformas de networking profesional como LinkedIn para establecer contactos y promocionar tu trabajo.

4. Establecer tarifas y paquetes de servicios: Antes de comenzar a trabajar como coach online, es importante establecer tus tarifas y crear paquetes de servicios que se ajusten a las necesidades de tus clientes potenciales. Considera factores como tu experiencia, tu formación, el mercado en el que te encuentras y el valor percibido de tus servicios al determinar tus tarifas.

5. Configurar herramientas y plataformas de trabajo: Para trabajar como coach online, necesitarás herramientas y plataformas que te permitan realizar sesiones de coaching remotas. Esto puede incluir plataformas de videoconferencia como Zoom, Skype o Google Meet para las sesiones en tiempo real, así como herramientas de gestión de clientes y de programación de citas para organizar y administrar tu agenda.

6. Promoción y marketing: Una vez que estés listo para comenzar a trabajar como coach online, es importante promocionar tus servicios y llegar a tu público objetivo. Esto puede incluir la creación de contenido relevante en tu blog o en las redes sociales, la participación en eventos y conferencias de la industria, la colaboración con otros profesionales del sector, y la utilización de estrategias de marketing digital como la publicidad en línea y el email marketing.

7. Mantenerse actualizado y continuar con la formación: El campo del coaching está en constante evolución, por lo que es importante mantenerse actualizado sobre las últimas tendencias, técnicas y mejores prácticas en la industria. Continuar con la formación y el desarrollo profesional te ayudará a mejorar tus habilidades como coach y a brindar un mejor servicio a tus clientes.

Luis López

La construcción de una **marca personal** sólida es un aspecto fundamental para tener éxito como coach en el entorno online. Esto implica más que simplemente establecer un sitio web y perfiles en redes sociales. Se trata de desarrollar una identidad única que te diferencie de otros coaches y te posicione como un experto en tu nicho.

Una de las primeras acciones para construir tu marca personal es crear un sitio web profesional que refleje tus valores, tu enfoque de coaching y los servicios que ofreces. Este sitio web debe ser fácil de navegar, estar optimizado para los motores de búsqueda (SEO) y contener información clara y relevante sobre ti y tus servicios. Además, puedes incluir testimonios de clientes satisfechos, lo que ayudará a construir confianza con los visitantes.

La participación activa en redes sociales también es crucial para construir tu marca personal como coach. Esto implica compartir contenido relevante y valioso relacionado con tu nicho de coaching, interactuar con tu audiencia y establecer conexiones con otros profesionales del sector. Las redes sociales son una excelente plataforma para mostrar tu experiencia, compartir tus conocimientos y crear una comunidad en línea de personas interesadas en tus servicios.

Además, la publicación regular de contenido relevante, ya sea a través de tu blog, videos en YouTube o podcasts, te ayudará a establecerte como un recurso confiable en tu área de expertise. Compartir consejos prácticos, historias inspiradoras y reflexiones personales puede ayudar a generar interés en tus servicios y atraer a potenciales clientes.

Por último, **obtener certificaciones o credenciales en coaching puede ayudarte a establecer tu credibilidad y autoridad en tu nicho**. Aunque no son necesarias para ejercer como coach, estas credenciales pueden ayudar a generar confianza con tus clientes y demostrar tu compromiso con tu desarrollo profesional continuo.

En suma, la construcción de una marca personal sólida es esencial para tener éxito como coach en el entorno online. Al establecer tu credibilidad y autoridad en tu nicho, y al promover tus servicios de manera efectiva, puedes construir un negocio de coaching exitoso y gratificante que te permita ayudar a otras personas a alcanzar sus metas y potencial desde la comodidad de tu hogar.

Luis López

OPORTUNIDAD 4: GESTIÓN DE REDES SOCIALES

La **gestión de redes sociales** va más allá de simplemente tener presencia en plataformas como Facebook, Instagram o X (anteriormente conocido como Twitter). Implica un enfoque estratégico y proactivo para garantizar que las cuentas de redes sociales de individuos, empresas o marcas se utilicen de manera efectiva para alcanzar sus objetivos comerciales y de marketing.

En primer lugar, **la gestión de redes sociales implica la creación y publicación de contenido relevante y atractivo**. Esto puede incluir publicaciones de texto, imágenes, videos, infografías y otros formatos multimedia que resuenen con la audiencia objetivo. El contenido debe ser original, creativo y alineado con la identidad de la marca, con el objetivo de generar interacción y engagement por parte de los seguidores.

Además de la creación de contenido, la gestión de redes sociales **implica la interacción constante con los seguidores**. Esto incluye responder a comentarios, mensajes directos y menciones, así como participar en conversaciones relevantes en la comunidad. La comunicación efectiva y la construcción de relaciones sólidas con la audiencia son fundamentales para fomentar la lealtad y el compromiso a largo plazo.

Otro aspecto crucial de la gestión de redes sociales es el análisis de datos. Esto implica el seguimiento y la evaluación de métricas clave, como el alcance, la participación, el crecimiento de seguidores y la tasa de conversión. El análisis de datos proporciona información valiosa sobre el rendimiento de las campañas y el comportamiento de la audiencia, lo que permite ajustar y optimizar las estrategias de contenido y marketing para lograr mejores resultados.

Finalmente, la gestión de redes sociales requiere el desarrollo y la implementación de estrategias integrales para alcanzar los objetivos de marketing y negocio. Esto puede incluir la planificación de contenido, la programación de publicaciones, la ejecución de campañas publicitarias, la colaboración con influencers y la monitorización de la competencia. Una estrategia bien diseñada y ejecutada puede ayudar a aumentar la visibilidad de la marca, generar leads y conversiones, y fortalecer la presencia en línea en general.

Por tanto, la gestión de redes sociales es un proceso multifacético que abarca la creación de contenido, la interacción con la audiencia, el análisis de datos y el desarrollo de estrategias para alcanzar los objetivos de marketing y negocio. Es un componente fundamental de la estrategia de marketing digital de cualquier empresa o marca que busca tener éxito en el entorno digital actual.

Luis López

Trabajar desde casa gestionando redes sociales **ofrece una serie de beneficios significativos tanto para los profesionales como para las empresas**. En primer lugar, **brinda una flexibilidad sin igual**, permitiendo a los gestores de redes sociales establecer su propio horario de trabajo y adaptarlo a sus necesidades y preferencias individuales. Esta flexibilidad es especialmente valiosa para aquellos con responsabilidades familiares o compromisos personales, ya que les permite conciliar mejor el trabajo y la vida personal.

Además, trabajar desde casa elimina la necesidad de desplazarse a una oficina física, lo que ahorra tiempo y dinero en transporte. Esto no solo reduce el estrés asociado con los desplazamientos diarios, sino que también permite a los profesionales aprovechar al máximo su tiempo y ser más productivos. Además, al eliminar la necesidad de una ubicación física específica, trabajar desde casa amplía el alcance geográfico de los profesionales, permitiéndoles trabajar con clientes y empresas de todo el mundo sin importar su ubicación física.

Otro beneficio importante de trabajar desde casa gestionando redes sociales es **la capacidad de crear un ambiente de trabajo personalizado y cómodo**. Los profesionales pueden diseñar su espacio de trabajo de acuerdo a sus preferencias individuales, lo que puede aumentar la satisfacción laboral y la productividad. Además, trabajar desde casa puede reducir las distracciones comunes del entorno de oficina, lo que permite a los profesionales concentrarse mejor en sus tareas y proyectos.

Por último, trabajar desde casa en la gestión de redes sociales puede ser **una excelente opción para aquellos que valoran la autonomía y la independencia en su carrera profesional**. Al ser su propio jefe, los profesionales tienen la libertad de tomar decisiones y gestionar su trabajo de la manera que consideren más efectiva. Esto puede fomentar un sentido de empoderamiento y satisfacción en el trabajo, lo que a su vez puede conducir a un mayor compromiso y rendimiento en el trabajo. En resumen, trabajar desde casa en la gestión de redes sociales ofrece una serie de beneficios significativos, incluyendo flexibilidad, ahorro de tiempo y dinero, comodidad, y autonomía en el trabajo. Estos beneficios hacen que esta opción sea cada vez más atractiva tanto para profesionales como para empresas en busca de soluciones efectivas de gestión de redes sociales.

Luis López

Para gestionar redes sociales de clientes de manera efectiva, **es importante contar con una combinación de habilidades y cualidades** que permitan cumplir con las demandas de este trabajo. Aquí hay algunas cualidades importantes que un gestor de redes sociales debe tener:

1. Creatividad: La capacidad para crear contenido atractivo y original es fundamental en la gestión de redes sociales. Ser capaz de pensar de manera creativa y encontrar nuevas formas de presentar información es esencial para captar la atención de la audiencia y diferenciar a la marca en un entorno saturado de contenido.

2. Excelentes habilidades de comunicación: Un gestor de redes sociales debe tener habilidades de comunicación excepcionales tanto escritas como verbales. Esto incluye la capacidad de redactar contenido claro y conciso, así como la capacidad de interactuar de manera efectiva con la audiencia a través de comentarios, mensajes directos y respuestas a consultas.

3. Capacidad de análisis: La capacidad de analizar datos y métricas de manera efectiva es crucial en la gestión de redes sociales. Esto implica la capacidad de interpretar los resultados de las campañas, identificar tendencias y patrones, y utilizar esta información para optimizar las estrategias de contenido y marketing.

4. Organización y gestión del tiempo: La gestión de redes sociales a menudo implica la gestión de múltiples cuentas y la planificación de contenido a largo plazo. Por lo tanto, es importante tener habilidades sólidas de organización y gestión del tiempo para cumplir con los plazos y mantenerse al tanto de las tareas diarias.

5. Conocimiento técnico: Si bien no es necesario ser un experto en tecnología, tener un conocimiento básico de las plataformas de redes sociales y las herramientas de gestión de contenido es importante en la gestión de redes sociales. Esto incluye comprender cómo funcionan las diferentes plataformas, cómo utilizar herramientas de programación de contenido y cómo realizar análisis de datos básicos.

6. Empatía y habilidades interpersonales: La gestión de redes sociales a menudo implica interactuar con una variedad de personas, incluidos clientes, seguidores y colaboradores. Por lo tanto, es importante tener habilidades interpersonales sólidas, como la empatía, la paciencia y la capacidad de resolver conflictos de manera efectiva.

7. Adaptabilidad: El panorama de las redes sociales está en constante evolución, con nuevas tendencias, algoritmos y características que surgen regularmente. Por lo tanto, es importante ser adaptable y estar dispuesto a aprender y adaptarse a los cambios en el entorno digital.

Luis López

Hay varias **formas de conseguir trabajo gestionando redes sociales desde casa**. Aquí tienes algunas estrategias que podrían ser útiles:

1. Crear un portafolio sólido: Antes de buscar trabajo, es importante tener un portafolio que muestre tus habilidades y experiencia en la gestión de redes sociales. Incluye ejemplos de tu trabajo anterior, como capturas de pantalla de publicaciones, análisis de métricas y testimonios de clientes satisfechos.

2. Utilizar plataformas de freelancers: Hay muchas plataformas en línea donde puedes encontrar oportunidades de trabajo freelance en la gestión de redes sociales, como **Upwork**, **Freelancer**, **Fiverr** y **Workana**. Crea un perfil profesional en estas plataformas y busca proyectos que se ajusten a tus habilidades y experiencia.

3. Redes profesionales y sociales: Aprovecha tus redes profesionales y sociales para buscar oportunidades de trabajo en la gestión de redes sociales. Conecta con otros profesionales del sector, participa en grupos relevantes en redes sociales y asiste a eventos de networking para establecer contactos y buscar oportunidades laborales.

4. Contactar directamente a empresas: Investiga empresas que podrían necesitar ayuda en la gestión de sus redes sociales y ponte en contacto con ellas directamente para ofrecer tus servicios. Envía un correo electrónico personalizado explicando cómo podrías ayudarles a mejorar su presencia en línea y alcanzar sus objetivos de marketing.

5. Publicar contenido de calidad: Demuestra tu experiencia y conocimientos en la gestión de redes sociales publicando contenido relevante y valioso en tu blog, en redes sociales y en plataformas de networking profesional como LinkedIn. Esto te ayudará a destacar en tu campo y atraer la atención de posibles clientes.

6. Ofrecer servicios gratuitos o a bajo costo: Para construir tu reputación y conseguir tus primeros clientes, considera ofrecer tus servicios de gestión de redes sociales de forma gratuita o a un costo reducido a empresas o personas que necesiten ayuda. Una vez que demuestres el valor que puedes aportar, es más probable que te contraten para proyectos remunerados en el futuro.

7. Pedir referencias y recomendaciones: Una vez que hayas trabajado con clientes satisfechos, pídeles referencias y recomendaciones que puedas utilizar para promocionar tus servicios y construir tu reputación como gestor de redes sociales.

Recuerda que la consistencia y la perseverancia son clave en la búsqueda de trabajo gestionando redes sociales desde casa. Mantén una actitud proactiva, sigue aprendiendo y mejorando tus habilidades, y no tengas miedo de buscar nuevas oportunidades y enfrentar desafíos.

Luis López

OPORTUNIDAD 5: DISEÑO GRÁFICO Y CREACIÓN DE CONTENIDO MULTIMEDIA

La oportunidad de **diseño gráfico y creación de contenido multimedia** es un campo apasionante que abarca mucho más que simplemente crear imágenes y videos. Se trata de un universo creativo donde los diseñadores y creadores pueden dar vida a las ideas a través de una amplia variedad de medios visuales. Desde el diseño de logotipos que capturan la esencia de una marca hasta la producción de videos que cuentan historias emocionantes, el diseño gráfico y la creación de contenido multimedia son fundamentales en el mundo digital y más allá.

En este campo, los profesionales tienen la tarea de comunicar mensajes de manera efectiva y atractiva utilizando una combinación de elementos visuales. Esto implica no solo tener habilidades técnicas en programas de diseño y edición de video, sino también tener una comprensión profunda de los principios del diseño, la teoría del color, la composición visual y la narrativa. Es un proceso creativo que requiere tanto talento artístico como habilidades técnicas.

Además, el diseño gráfico y la creación de contenido multimedia son fundamentales en la construcción de la identidad de una marca y en el desarrollo de una presencia en línea sólida. Desde el diseño de sitios web y perfiles de redes sociales hasta la producción de contenido para campañas de marketing digital, los profesionales de este campo juegan un papel crucial en la forma en que las marcas se presentan al mundo y se conectan con su audiencia.

En consecuencia, el diseño gráfico y la creación de contenido multimedia son mucho más que simplemente trabajar con imágenes y videos. Es una forma de arte y comunicación que implica contar historias, transmitir emociones y capturar la atención del espectador en un mundo cada vez más visualmente orientado.

En resumen, el diseño gráfico y la creación de contenido multimedia son mucho más que simplemente trabajar con imágenes y videos. Es una forma de arte y comunicación que implica contar historias, transmitir emociones y capturar la atención del espectador en un mundo cada vez más visualmente orientado. Desde el diseño de logotipos y folletos hasta la producción de videos y animaciones, este campo ofrece infinitas posibilidades creativas y oportunidades para aquellos con una pasión por la expresión visual.

Luis López

Cuando se trata de vender diseño gráfico, existen varios elementos que son especialmente populares y solicitados por los clientes. Entre los más destacados se encuentran los **logotipos**, que son fundamentales para la identidad de una marca y su reconocimiento visual. Los logotipos bien diseñados transmiten la personalidad y los valores de una empresa, lo que los convierte en un elemento esencial para cualquier negocio.

Otro elemento de diseño que se vende bien son **las ilustraciones y las imágenes de stock**. Estas pueden incluir ilustraciones vectoriales, imágenes de personajes, patrones y otros elementos gráficos que se utilizan en una amplia variedad de proyectos, desde sitios web y blogs hasta material de marketing y productos impresos. Las ilustraciones de alta calidad son especialmente valoradas por su capacidad para agregar interés visual y personalidad a cualquier proyecto.

Además, **los diseños de redes sociales** son altamente solicitados en la era digital actual. Esto incluye elementos como imágenes de portada y perfil, publicaciones para redes sociales, banners publicitarios y gráficos promocionales. Con la creciente importancia de las redes sociales para las empresas y marcas, la demanda de diseños atractivos y efectivos para las plataformas de redes sociales está en constante aumento.

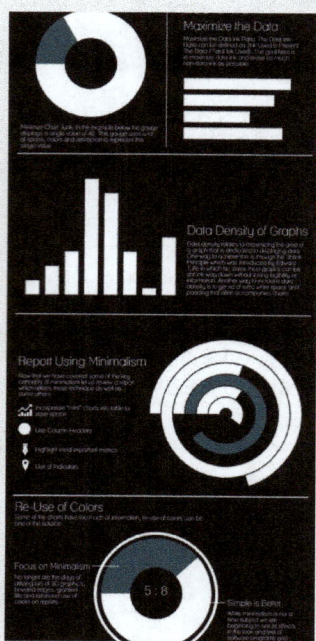

Por último, **los diseños de sitios web e interfaces** de usuario también son elementos populares entre los clientes. Con la proliferación de sitios web y aplicaciones en línea, la necesidad de diseños de alta calidad y fácil de usar es fundamental. Esto incluye la creación de diseños de página web, botones de navegación, elementos de interfaz de usuario y más. Un diseño web bien ejecutado puede marcar la diferencia entre una experiencia de usuario satisfactoria y una frustrante. En resumen, los logotipos, las ilustraciones, los diseños de redes sociales y los diseños de sitios web son algunos de los elementos de diseño más solicitados y vendidos en la industria del diseño gráfico.

Luis López

Para crear diseño gráfico, tanto para amateurs como para profesionales, existen una variedad de herramientas disponibles, cada una con sus propias características y niveles de sofisticación. Aquí hay una lista de algunas de las principales herramientas:

Para **amateurs**:
1. **Canva**: Canva es una herramienta en línea que ofrece una amplia gama de plantillas prediseñadas para crear diseños gráficos de manera fácil y rápida. Es ideal para principiantes y personas que no tienen experiencia en diseño gráfico. Canva ofrece una interfaz intuitiva y herramientas básicas de edición, como la posibilidad de agregar texto, imágenes, iconos y formas.
2. **PicMonkey**: PicMonkey es otra herramienta en línea que ofrece herramientas simples de edición de imágenes y diseño gráfico. Permite a los usuarios retocar fotos, agregar texto, crear collages y diseñar gráficos básicos de manera sencilla. Es una opción popular para aquellos que buscan crear diseños rápidos y fáciles sin la curva de aprendizaje de software más avanzado.
3. **Adobe Spark**: Adobe Spark es una suite de herramientas en línea que incluye aplicaciones para crear gráficos, páginas web y videos. Es especialmente útil para la creación de contenido visual para redes sociales y blogs. Ofrece una interfaz intuitiva y plantillas profesionales que facilitan la creación de diseños atractivos en poco tiempo.

Para **profesionales**:
1. **Adobe Photoshop:** Adobe Photoshop es el software líder en la industria del diseño gráfico y la edición de imágenes. Es ampliamente utilizado por profesionales debido a su amplia gama de herramientas y capacidades avanzadas de edición. Permite realizar ajustes precisos de color, manipular imágenes, crear efectos especiales y diseñar elementos gráficos complejos.
2. **Adobe Illustrator:** Adobe Illustrator es un software de diseño vectorial utilizado para crear gráficos vectoriales, como logotipos, ilustraciones y diseños tipográficos. Es especialmente adecuado para proyectos que requieren escalabilidad y precisión, ya que los gráficos vectoriales pueden ser redimensionados sin pérdida de calidad. Illustrator ofrece herramientas avanzadas de dibujo y manipulación de formas.
3. **Adobe InDesign:** Adobe InDesign es una herramienta de maquetación y diseño editorial utilizada para crear diseños de impresión y digitales, como revistas, libros, folletos y boletines informativos. Es ideal para proyectos que requieren la combinación de texto y gráficos en un diseño cohesivo. InDesign ofrece herramientas avanzadas de tipografía, diseño de página y flujo de trabajo colaborativo.

Estas son solo algunas de las principales herramientas disponibles para crear diseño gráfico. La elección de la herramienta adecuada dependerá de las necesidades específicas del proyecto, el nivel de experiencia del usuario y las preferencias personales.

Luis López

Monetizar el trabajo de diseño gráfico y creación de contenido multimedia como freelance desde casa ofrece varias oportunidades para generar ingresos. Aquí hay algunas formas comunes de hacerlo:

1. Servicios de diseño gráfico: Ofrecer servicios de diseño gráfico personalizados a clientes individuales o empresas es una de las formas más directas de monetizar este trabajo. Esto puede incluir el diseño de logotipos, folletos, carteles, tarjetas de visita, imágenes para redes sociales, entre otros. Los diseñadores gráficos pueden establecer tarifas por hora o por proyecto, dependiendo de la complejidad del trabajo.

2. Creación de contenido multimedia: La creación de contenido multimedia, como videos promocionales, animaciones, infografías o presentaciones, también puede ser una fuente de ingresos. Los creadores pueden ofrecer sus servicios para crear contenido visualmente atractivo que ayude a las empresas a comunicar sus mensajes de manera efectiva. Al igual que con el diseño gráfico, los precios pueden variar según la complejidad del proyecto y el tiempo dedicado.

3. Venta de activos creativos en línea: Los diseñadores y creadores de contenido multimedia pueden monetizar su trabajo vendiendo activos creativos en línea a través de plataformas especializadas. Estos activos pueden incluir imágenes de stock, plantillas de diseño, clips de video, efectos de sonido, entre otros. Algunas de las plataformas populares para vender activos creativos incluyen Adobe Stock, Shutterstock, Envato Market y Creative Market.

4. Cursos y tutoriales: Aquellos con experiencia en diseño gráfico y creación de contenido multimedia pueden crear y vender cursos en línea o tutoriales que enseñen a otros cómo mejorar sus habilidades en este campo. Plataformas como Udemy, Teachable o Skillshare permiten a los creadores de contenido monetizar sus conocimientos compartiendo contenido educativo con una audiencia global.

5. Freelancing en plataformas: Existen numerosas plataformas freelance donde los diseñadores y creadores de contenido multimedia pueden ofrecer sus servicios y encontrar clientes potenciales. Algunas de las plataformas más populares incluyen Upwork, Freelancer, Fiverr y PeoplePerHour. Estas plataformas permiten a los freelancers crear perfiles, establecer tarifas y buscar oportunidades de trabajo que se ajusten a sus habilidades y experiencia.

En resumen, trabajar como diseñador gráfico o creador de contenido multimedia freelance desde casa ofrece varias formas de generar ingresos. Ya sea ofreciendo servicios personalizados, vendiendo activos creativos en línea, creando cursos educativos o trabajando en proyectos freelance a través de plataformas especializadas, los profesionales en este campo tienen numerosas oportunidades para monetizar su talento y experiencia en el diseño y la creación de contenido visual.

OPORTUNIDAD 6: VENTA DE PRODUCTOS HECHOS A MANO

Cuando se trata de vender **productos hechos a mano** en línea, hay varios aspectos importantes a considerar para tener éxito en este emprendimiento.

En primer lugar, **es fundamental definir tu nicho de mercado y tus productos**. Identifica qué tipo de productos hechos a mano vas a ofrecer y quién será tu público objetivo. Esto te ayudará a diferenciarte en un mercado saturado y a dirigir tus esfuerzos de marketing de manera más efectiva.

Una vez que tengas claros tus productos y tu mercado objetivo, es hora de establecer tu presencia en línea. Puedes optar por crear tu propia tienda en línea utilizando plataformas como Shopify, WooCommerce o Etsy, que están diseñadas específicamente para vendedores de productos hechos a mano. Estas plataformas te permiten personalizar tu tienda, administrar inventarios, procesar pagos y conectarte con clientes de todo el mundo.

Además de tener tu propia tienda en línea, es importante aprovechar las redes sociales y los mercados en línea para llegar a más clientes potenciales. Crea perfiles en plataformas como Instagram, Facebook y Pinterest para mostrar tus productos y conectarte con tu audiencia. Participa en ferias virtuales o mercados artesanales en línea donde puedas promocionar tus productos y llegar a nuevos clientes.

La fotografía de productos es clave para atraer la atención de los clientes en línea. Asegúrate de tomar fotos de alta calidad que muestren tus productos desde diferentes ángulos y en entornos atractivos. Esto ayudará a destacar la artesanía y la calidad de tus productos y a inspirar confianza en los compradores potenciales.

Finalmente, **ofrece un excelente servicio al cliente y una experiencia de compra sin problemas**. Responde rápidamente a las consultas de los clientes, proporciona información detallada sobre tus productos y políticas de envío, y asegúrate de cumplir con los plazos de entrega prometidos. La satisfacción del cliente es clave para construir una base de clientes leales y obtener recomendaciones boca a boca.

En suma, vender productos hechos a mano en línea puede ser una forma gratificante de ganarse la vida, pero requiere planificación, dedicación y un enfoque estratégico. Al definir tu nicho de mercado, establecer tu presencia en línea, promocionar tus productos de manera efectiva y ofrecer un excelente servicio al cliente, puedes construir un negocio exitoso y rentable vendiendo tus creaciones únicas en línea.

Luis López

Algunos productos artesanales que son relativamente fáciles de hacer y tienen una buena demanda en línea incluyen:

1. **Velas:** La fabricación de velas caseras es un proceso relativamente simple que no requiere equipo costoso. Puedes experimentar con diferentes colores, aromas y formas para crear velas únicas y atractivas que son populares entre los compradores en línea.
2. **Joyería:** La creación de joyería artesanal, como pulseras, collares y pendientes, puede ser una actividad gratificante y lucrativa. Puedes trabajar con una variedad de materiales, como cuentas, alambre, cuero y metales, para crear piezas únicas y personalizadas que atraigan a una amplia audiencia en línea.
3. **Papelería y tarjetas hechas a mano:** La fabricación de tarjetas de felicitación, cuadernos, papelería decorativa y otros artículos de papelería es una opción popular para los artesanos creativos. Estos productos son ideales para regalos personalizados y eventos especiales, lo que los convierte en una opción popular entre los compradores en línea.
4. **Productos de cuidado personal:** La elaboración de productos de cuidado personal, como jabones, bálsamos labiales, lociones y exfoliantes, es otra opción popular para los artesanos. Puedes experimentar con ingredientes naturales y aromas personalizados para crear productos únicos e indulgentes que atraigan a los consumidores en línea.
5. **Decoración del hogar:** Los productos de decoración del hogar, como almohadones, mantas, tapices y arte de pared, son populares entre los compradores en línea que buscan agregar un toque personalizado a sus espacios. Puedes trabajar con una variedad de materiales y técnicas para crear piezas únicas y atractivas que se vendan bien en línea.

Luis López

Las principales formas y lugares para vender productos artesanales en línea incluyen:
1. **Plataformas de comercio electrónico:** Las plataformas de comercio electrónico como **Etsy**, **Shopify**, **Amazon Handmade** y **eBay** son excelentes opciones para vender productos artesanales en línea. Estas plataformas están diseñadas específicamente para artesanos y ofrecen herramientas y funciones que facilitan la creación y gestión de una tienda en línea.
2. **Redes sociales:** Las redes sociales como Instagram, Facebook y Pinterest también son plataformas populares para vender productos artesanales en línea. Puedes crear perfiles comerciales en estas redes sociales y utilizarlas para mostrar tus productos, interactuar con los clientes y dirigir el tráfico a tu tienda en línea.
3. **Mercados en línea y ferias virtuales:** Participar en mercados en línea y ferias virtuales es una excelente manera de llegar a nuevos clientes y promocionar tus productos artesanales. Estos eventos suelen estar organizados por grupos locales de artesanos o plataformas en línea y te permiten mostrar tus productos y conectarte con compradores potenciales en un entorno virtual.
4. **Sitio web propio:** Si prefieres tener un control total sobre tu tienda en línea, puedes crear tu propio sitio web utilizando plataformas de creación de sitios web como WordPress, Squarespace o Wix. Esto te permite personalizar completamente tu tienda en línea y mantener una marca coherente en todos los aspectos de tu negocio.

Para tener éxito en la venta de productos artesanales en línea, **es importante enfocarse en la calidad, la autenticidad y la conexión con los clientes**. Primero, asegúrate de ofrecer productos de alta calidad que reflejen tu dedicación y habilidad artesanal. La artesanía cuidadosa y la atención al detalle son aspectos que los compradores valoran y están dispuestos a pagar. Además, la autenticidad es clave. Comparte la historia detrás de tus productos, cómo los creas y por qué son especiales. Esto ayuda a crear una conexión emocional con los clientes y a construir una base de seguidores leales.

Otra clave para el éxito es **la consistencia y la perseverancia**. Construir un negocio de venta de productos artesanales en línea lleva tiempo y esfuerzo. Mantén una presencia constante en línea, actualiza regularmente tus listados de productos, participa en eventos y mercados, y busca continuamente formas de mejorar y crecer. La paciencia y la determinación son fundamentales, ya que puede llevar tiempo construir una base sólida de clientes y establecer tu marca en el mercado. Con el tiempo y el trabajo duro, puedes alcanzar el éxito y convertir tu pasión por la artesanía en un negocio próspero.

OPORTUNIDAD 7: MARKETING DE AFILIADOS

El **marketing de afiliados** ofrece una oportunidad única para aquellos que desean emprender en el mundo del comercio electrónico sin la necesidad de crear o mantener productos propios. Al asociarse con empresas establecidas, los afiliados pueden aprovechar la reputación y los recursos de estas empresas para promover productos y servicios de alta calidad a su audiencia.

La flexibilidad del marketing de afiliados es una de sus mayores ventajas. Los afiliados tienen la libertad de elegir los productos o servicios que desean promocionar, lo que les permite alinearse con sus intereses, pasiones y conocimientos. Esta libertad creativa permite a los afiliados construir una marca personal auténtica y conectarse genuinamente con su audiencia, lo que puede aumentar la confianza y la lealtad del cliente a largo plazo.

Además, el marketing de afiliados es un modelo de negocio escalable. A medida que los afiliados construyen y cultivan su audiencia, tienen la capacidad de expandir su alcance y diversificar sus fuentes de ingresos. Esto puede implicar la promoción de una variedad de productos y servicios dentro de su nicho o la expansión hacia nuevos mercados y audiencias.

Otra ventaja significativa del marketing de afiliados es **su potencial de ingresos pasivos**. Una vez que se establecen los enlaces de afiliados y se promocionan los productos o servicios, los afiliados pueden seguir generando ingresos por cada venta o acción realizada a través de esos enlaces, incluso mientras duermen o se centran en otras actividades. Este aspecto de ingresos pasivos es especialmente atractivo para aquellos que buscan crear una fuente de ingresos adicional sin tener que comprometer su tiempo y energía constantemente.

En síntesis, el marketing de afiliados ofrece una forma accesible y rentable de ganar dinero desde casa. Con su flexibilidad, escalabilidad y potencial de ingresos pasivos, este modelo de negocio continúa siendo una opción popular para emprendedores digitales en todo el mundo.

Luis López

Para entender cómo funciona, imaginemos que tienes un blog sobre viajes y decides convertirte en afiliado de una empresa de reservas de hoteles. La empresa te proporciona un enlace de afiliado único que puedes incluir en tus artículos sobre destinos turísticos. Cuando tus lectores hacen clic en ese enlace y reservan un hotel a través del sitio web de la empresa, recibes una comisión por esa reserva.

El proceso de marketing de afiliados implica varias partes:

1. **El Afiliado:** Esta es la persona que promueve los productos o servicios de la empresa a través de enlaces de afiliados. Pueden ser bloggers, influencers, propietarios de sitios web, expertos en redes sociales, entre otros.
2. **El Vendedor o Anunciante:** Esta es la empresa o individuo que posee los productos o servicios que se promocionan. Proporcionan enlaces de afiliados y rastrean las ventas y acciones realizadas a través de esos enlaces.
3. **El Consumidor:** Este es el cliente final que realiza la compra o la acción deseada. Pueden ser usuarios regulares de Internet que encuentran los productos o servicios a través de los enlaces de afiliados.

Cuando un consumidor hace clic en un enlace de afiliado y realiza una compra o acción, el software de seguimiento de afiliados registra esa transacción y asigna la comisión correspondiente al afiliado que promocionó el producto o servicio.

El marketing de afiliados es beneficioso para todas las partes involucradas: el afiliado gana una comisión por cada venta o acción realizada a través de sus enlaces, el vendedor obtiene más ventas o clientes potenciales a través de la promoción del afiliado, y el consumidor puede descubrir productos o servicios relevantes a través de recomendaciones personalizadas y confiables.

Luis López

Para ganar dinero con éxito utilizando el marketing de afiliados, aquí tienes los pasos clave a seguir:

1. Selecciona un nicho rentable: Identifica un nicho de mercado rentable en el que tengas interés o experiencia. Es importante elegir un nicho con una demanda suficiente pero no saturada, donde puedas destacarte y ofrecer valor agregado a tu audiencia.

2. Investiga programas de afiliados: Investiga y selecciona programas de afiliados confiables y relevantes dentro de tu nicho. Busca productos o servicios de alta calidad que sean adecuados para tu audiencia y que ofrezcan comisiones competitivas.

3. Crea contenido de calidad: Crea contenido valioso y relevante para tu audiencia, como reseñas de productos, tutoriales, guías, comparativas, y más. Asegúrate de que tu contenido sea informativo, útil y persuasivo, y que esté optimizado para SEO para aumentar su visibilidad en los motores de búsqueda.

4. Promociona tus enlaces de afiliados: Promociona tus enlaces de afiliados de manera estratégica a través de diversos canales, como tu sitio web, blog, redes sociales, correo electrónico, vídeos, podcasts, y más. Utiliza diferentes formatos de contenido y plataformas para llegar a tu audiencia de manera efectiva.

5. Construye una audiencia comprometida: Construye y cultiva una audiencia comprometida y leal al proporcionar contenido de calidad de forma regular, interactuar con tus seguidores, responder a sus preguntas y comentarios, y ofrecer soluciones a sus problemas.

6. Realiza un seguimiento y analiza tus resultados: Realiza un seguimiento de tus enlaces de afiliados y analiza regularmente tus métricas y estadísticas para evaluar el rendimiento de tus campañas de marketing. Ajusta tu estrategia según sea necesario para mejorar tus resultados y optimizar tu rendimiento.

7. Mantente actualizado y aprende constantemente: Mantente al tanto de las últimas tendencias y desarrollos en el marketing de afiliados, y continúa aprendiendo y mejorando tus habilidades y conocimientos en el área. Participa en cursos, seminarios web, grupos de discusión y comunidades en línea para obtener ideas y consejos de expertos en el campo.

Luis López

Existen numerosos **portales y programas de afiliados** donde puedes encontrar productos y servicios para promocionar. Algunos de los principales incluyen:

1. **Amazon Associates:** El programa de afiliados de Amazon ofrece una amplia selección de productos para promocionar en prácticamente todas las categorías imaginables. Con millones de productos disponibles, hay oportunidades para afiliados en casi todos los nichos.
2. **ClickBank:** ClickBank es una plataforma popular para productos digitales, como libros electrónicos, cursos en línea y software. Ofrece altas comisiones y una gran variedad de productos en nichos específicos como salud, fitness, finanzas y más.
3. **ShareASale:** ShareASale es una red de afiliados que ofrece una amplia variedad de programas en diferentes industrias, desde moda y belleza hasta tecnología y servicios empresariales.
4. **CJ Affiliate (anteriormente Commission Junction):** CJ Affiliate es una de las redes de afiliados más grandes y establecidas, con una amplia gama de programas de afiliados de marcas reconocidas en todo el mundo.
5. **Rakuten Marketing**: Anteriormente conocido como LinkShare, Rakuten Marketing es una plataforma de afiliados líder que ofrece una amplia gama de programas de afiliados en diversas categorías, incluyendo moda, electrónica, viajes, y más.
6. **FlexOffers**: FlexOffers es una red de afiliados que cuenta con miles de programas de afiliados en una amplia variedad de nichos. Ofrece herramientas avanzadas de seguimiento y reporting para ayudar a los afiliados a optimizar sus campañas.
7. **Impact**: Impact es una plataforma de marketing de afiliados que se enfoca en la tecnología de seguimiento y gestión de afiliados. Ofrece una interfaz intuitiva y fácil de usar, así como una amplia gama de programas de afiliados de marcas reconocidas.
8. **Awin**: Awin es una red de afiliados global con miles de programas de afiliados en diferentes industrias y geografías. Ofrece herramientas avanzadas de seguimiento y reporting, así como soporte personalizado para los afiliados.

Estos son solo algunos ejemplos de portales de marketing de afiliados donde puedes encontrar productos y servicios para promocionar. Es importante investigar y elegir programas de afiliados que se alineen con tus intereses, valores y audiencia objetivo para maximizar tus posibilidades de éxito.

Luis López

OPORTUNIDAD 8: VENTA DE CURSOS ONLINE

La **venta de cursos en línea** representa una ventana de oportunidad ampliada en el panorama digital actual. Este modelo de negocio implica la elaboración y difusión de cursos educativos a través de plataformas digitales especializadas. La versatilidad de los temas abordados es notable, ya que los cursos pueden versar desde competencias prácticas y profesionales hasta temáticas específicas y especializadas, cubriendo así una amplia gama de intereses y necesidades de aprendizaje.

La rentabilidad inherente a la venta de cursos en línea se fundamenta en diversos factores claves. En primer lugar, el constante crecimiento del mercado de la educación en línea refleja la creciente demanda de personas interesadas en adquirir nuevos conocimientos y habilidades, todo ello desde la comodidad de sus hogares. Esta tendencia proyecta una demanda sostenida de cursos en línea en una variedad de áreas y disciplinas, lo que genera un terreno fértil para aquellos que desean incursionar en este ámbito.

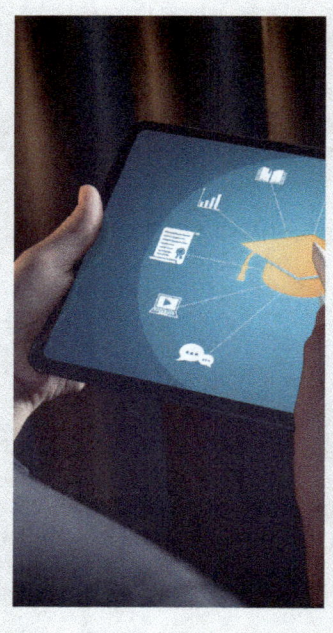

Además, la escalabilidad del negocio de la venta de cursos en línea es un componente esencial de su atractivo. Una vez que un curso ha sido creado y lanzado al mercado, su alcance potencial es virtualmente ilimitado. Los cursos pueden ser adquiridos y consumidos por un número ilimitado de estudiantes, lo que brinda a los creadores la posibilidad de generar ingresos pasivos a largo plazo sin la necesidad de incurrir en costos adicionales significativos. Esta capacidad de generación de ingresos pasivos es un factor clave en la atracción de emprendedores digitales hacia este modelo de negocio, ya que ofrece la posibilidad de obtener ganancias continuas a través del tiempo, una vez que el curso ha sido creado y puesto en marcha.

En resumen, la venta de cursos en línea representa una oportunidad lucrativa y escalable en el mercado digital actual. Su potencial de generación de ingresos pasivos a largo plazo, combinado con la creciente demanda de educación en línea, lo convierte en una opción atractiva para emprendedores digitales que buscan diversificar sus fuentes de ingresos y capitalizar sus conocimientos y experiencia en áreas específicas.

Luis López

A la hora de elegir un nicho para vender cursos en línea, es importante considerar varios factores que contribuirán al éxito del negocio. Aquí hay algunas pautas para seleccionar un nicho adecuado y una lista de nichos rentables:

1. **Identifica tus pasiones y habilidades:** Elige un tema en el que tengas experiencia, pasión o habilidades. Esto te ayudará a crear contenido de alta calidad y a mantener tu motivación a lo largo del tiempo.
2. **Investiga la demanda:** Realiza una investigación de mercado para identificar qué temas están en demanda y cuáles tienen una competencia manejable. Puedes utilizar herramientas como Google Trends, análisis de palabras clave y encuestas a tu audiencia para obtener información sobre las necesidades y preferencias de tu público objetivo.
3. **Analiza la competencia:** Investiga qué cursos ya están disponibles en tu nicho y evalúa su calidad, precio y enfoque. Identifica oportunidades para diferenciarte ofreciendo un contenido único o abordando aspectos que no estén cubiertos por la competencia.
4. **Considera el potencial de monetización:** Evalúa el potencial de ingresos del nicho teniendo en cuenta factores como el tamaño del mercado, la disposición de la audiencia a pagar por contenido educativo y la competencia en el espacio. Busca nichos en los que puedas ofrecer un valor diferenciado y en los que haya una demanda insatisfecha.
5. **Piensa en tu audiencia objetivo:** Considera quiénes serán tus estudiantes ideales y qué problemas o necesidades tienen. Elige un nicho que te permita satisfacer las necesidades específicas de tu audiencia y ofrecer soluciones relevantes y valiosas.

Algunos **nichos rentables para vender cursos en línea** en la actualidad, con mayor proyección de cara a conseguir clientes, son:

1. Desarrollo personal y profesional.
2. Tecnología y programación.
3. Salud y bienestar.
4. Idiomas.
5. Negocios y emprendimiento.
6. Artes y manualidades.
7. Marketing digital.
8. Finanzas personales.
9. Fotografía y videografía.
10. Cocina y gastronomía.

Estos son solo algunos ejemplos de nichos rentables, pero hay una variedad de otros temas que pueden ser lucrativos dependiendo de tus habilidades, experiencia y audiencia objetivo. Es importante realizar una investigación exhaustiva y elegir un nicho en el que puedas destacarte y ofrecer un valor único a tu audiencia.

Para vender cursos en línea de manera efectiva, es importante contar con ciertos **requisitos y herramientas**. Aquí hay una lista de los elementos clave que necesitarás:

1. Contenido del curso de calidad: Asegúrate de tener un contenido educativo sólido y de alta calidad que proporcione valor a tus estudiantes. Esto puede incluir videos, presentaciones, documentos escritos, ejercicios prácticos y cualquier otro material necesario para la enseñanza del curso.

2. Plataforma de aprendizaje en línea: Elige una plataforma de aprendizaje en línea donde puedas alojar y vender tu curso. Algunas opciones populares incluyen Udemy, Teachable, Thinkific y LearnWorlds. Estas plataformas proporcionan herramientas para crear y administrar cursos, procesar pagos, interactuar con los estudiantes y más.

3. Página web o blog: Tener un sitio web o blog propio puede ayudarte a promocionar tus cursos y establecer tu marca personal como experto en tu nicho. Puedes utilizar tu sitio web para compartir contenido relacionado con tu curso, captar clientes potenciales a través de formularios de suscripción y dirigir el tráfico a tu plataforma de aprendizaje en línea.

4. Herramientas de marketing digital: Utiliza herramientas de marketing digital para promocionar tus cursos y llegar a tu audiencia objetivo. Esto puede incluir estrategias como el marketing de contenidos, el correo electrónico marketing, la publicidad en redes sociales, el SEO y más.

5. Cámara y micrófono de calidad: Si planeas crear videos para tu curso, necesitarás una cámara y un micrófono de calidad para grabar contenido con buena calidad de audio y video.

6. Habilidades técnicas básicas: Es útil tener conocimientos básicos de informática y tecnología para poder utilizar las herramientas y plataformas necesarias para crear y vender cursos en línea. Esto incluye habilidades como el uso de software de edición de video, la gestión de contenido en línea y el procesamiento de pagos.

7. Estrategia de precios y ventas: Desarrolla una estrategia de precios y ventas para tu curso, que incluya determinar el precio óptimo del curso, ofrecer descuentos y promociones, y establecer objetivos de ventas realistas.

Al tener en cuenta estos requisitos y utilizar las herramientas adecuadas, estarás mejor preparado para vender cursos en línea de manera efectiva y alcanzar el éxito en tu negocio educativo en línea.

Luis López

Crear un curso en línea es un proceso que requiere planificación, organización y dedicación. En primer lugar, **es importante identificar el tema o tema principal del curso** y definir los objetivos de aprendizaje que se esperan lograr. Esto implica determinar qué habilidades, conocimientos o competencias quieres enseñar a tus estudiantes y qué resultados esperas que logren al completar el curso.

Una vez que hayas establecido los objetivos de aprendizaje, puedes **comenzar a desarrollar el contenido del curso**. Esto puede incluir la creación de materiales educativos como videos, presentaciones, documentos escritos, ejercicios prácticos y cualquier otro recurso necesario para enseñar el contenido de manera efectiva. Es importante asegurarse de que el contenido sea claro, conciso, relevante y fácil de entender para los estudiantes.

Además del contenido del curso en sí, también **necesitarás crear actividades y evaluaciones** para que los estudiantes puedan poner en práctica lo que han aprendido y recibir retroalimentación sobre su progreso en dicho curso. Esto puede incluir cuestionarios, tareas, proyectos prácticos, discusiones en línea y exámenes.

Una vez que hayas desarrollado el contenido y las actividades del curso, es importante **elegir una plataforma de aprendizaje en línea donde puedas alojar y vender tu curso**. Hay varias opciones disponibles, como Udemy, Teachable, Thinkific y LearnWorlds, cada una con sus propias características y ventajas. Es importante investigar y elegir la plataforma que mejor se adapte a tus necesidades y objetivos.

Una vez que tu curso esté alojado en la plataforma de aprendizaje en línea, puedes **comenzar a promocionarlo y atraer estudiantes**. Esto puede implicar el uso de estrategias de marketing digital como el marketing de contenidos, el correo electrónico marketing, la publicidad en redes sociales y el SEO para llegar a tu audiencia objetivo y convencerlos de inscribirse en tu curso.

En conclusión, crear un curso en línea es un proceso que implica definir los objetivos de aprendizaje, desarrollar el contenido del curso, crear actividades y evaluaciones, elegir una plataforma de aprendizaje en línea y promocionar el curso para atraer estudiantes. Con dedicación y esfuerzo, puedes crear un curso exitoso que te permita alcanzar tus objetivos educativos y profesionales.

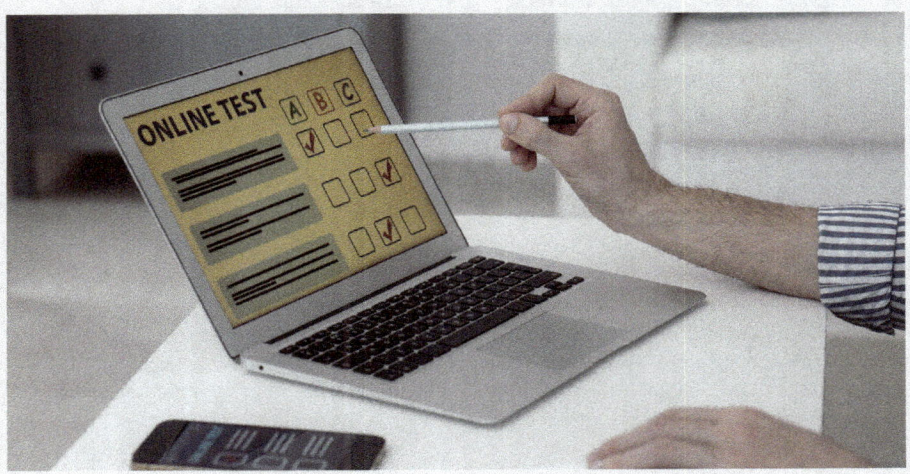

Luis López

Existen varios lugares donde puedes vender tus cursos en línea y llegar a una amplia audiencia de estudiantes potenciales. Algunas de las principales plataformas incluyen:

1. **Udemy**: Es una de las plataformas más populares para vender cursos en línea. Ofrece una amplia variedad de cursos en diversos temas y cuenta con una gran base de usuarios en todo el mundo. Udemy se encarga de la promoción y la comercialización de los cursos, pero cobra una tarifa por cada venta realizada a través de su plataforma.

2. **Teachable**: Es un portal que permite a los creadores de cursos alojar y vender sus cursos en línea de forma independiente. Ofrece herramientas para crear y personalizar el contenido del curso, gestionar inscripciones y pagos, y realizar un seguimiento del progreso del estudiante. Teachable cobra una tarifa mensual o anual, pero no retiene ninguna comisión por las ventas de cursos.

3. **Thinkific**: Thinkific es otra plataforma de alojamiento de cursos en línea que permite a los creadores de cursos vender sus cursos de forma independiente. Ofrece características similares a Teachable, incluyendo herramientas de creación de cursos, gestión de estudiantes y procesamiento de pagos. Thinkific también cobra una tarifa mensual o anual, pero no retiene comisiones por las ventas de cursos.

4. **LearnWorlds**: Portal de aprendizaje en línea que permite a los creadores de cursos crear y vender cursos interactivos y envolventes. Ofrece una amplia variedad de características, incluyendo herramientas de creación de cursos, personalización de la marca, integración de marketing y análisis de datos. LearnWorlds cobra una tarifa mensual o anual, pero no retiene comisiones por las ventas de cursos.

5. **Plataformas de redes sociales**: Además de las plataformas especializadas en cursos en línea, también puedes utilizar las redes sociales para vender tus cursos. Puedes promocionar tus cursos a través de publicaciones orgánicas, anuncios pagados y grupos de interés relacionados con tu nicho. Plataformas como Facebook, Instagram, LinkedIn y Twitter pueden ser útiles para llegar a tu audiencia objetivo y generar ventas de cursos.

Estas son solo algunas de las principales opciones para vender cursos en línea, pero hay muchas otras plataformas y enfoques disponibles dependiendo de tus necesidades y objetivos específicos. Es importante investigar y evaluar diferentes opciones para encontrar la plataforma que mejor se adapte a tus necesidades y te ayude a alcanzar tus objetivos de ventas y crecimiento.

Luis López

OPORTUNIDAD 9: DROPSHIPPING

El **dropshipping** es un modelo de negocio en el que un minorista no mantiene productos en stock, sino que transfiere los pedidos de los clientes y los detalles de envío directamente al fabricante, mayorista o a otro minorista, quien luego envía los productos directamente al cliente. En pocas palabras, el minorista actúa como intermediario entre el cliente y el proveedor, pero no necesita manejar ni almacenar los productos físicamente.

Este modelo se ha convertido en **uno de los métodos más rentables para ganar dinero desde casa** por varias razones. En primer lugar, el dropshipping elimina la necesidad de tener un inventario físico, lo que reduce significativamente los costos iniciales de inicio de un negocio. Además, al no tener que preocuparse por el almacenamiento, el embalaje y el envío de productos, los emprendedores pueden centrarse en aspectos clave como la comercialización y la atención al cliente.

El dropshipping también ofrece una gran flexibilidad, ya que los emprendedores pueden trabajar desde cualquier lugar con acceso a Internet y gestionar su negocio en su tiempo libre. Esto lo hace ideal para aquellos que desean iniciar un negocio paralelo mientras mantienen sus trabajos a tiempo completo o tienen otras responsabilidades.

Otra ventaja del dropshipping es que permite a los emprendedores ofrecer una amplia variedad de productos sin tener que comprometerse con grandes cantidades de inventario. Pueden probar diferentes nichos y productos con relativa facilidad y escalar rápidamente aquellos que generen mayores ventas y ganancias.

En suma, el dropshipping ha ganado popularidad como un método rentable para ganar dinero desde casa debido a su bajo costo inicial, su flexibilidad y su potencial de escalabilidad. Para tener éxito en este modelo de negocio, es importante elegir los proveedores adecuados, desarrollar una estrategia de marketing efectiva y ofrecer un excelente servicio al cliente.

Luis López

Te explico paso a paso cómo empezar con el dropshipping:

1. Comprender el concepto: El dropshipping es un modelo de negocio en línea en el que tú, como minorista, vendes productos a través de tu tienda en línea sin tener que almacenar físicamente esos productos. En lugar de eso, cuando recibes un pedido, lo envías directamente al proveedor o mayorista, quien se encarga de enviar el producto directamente al cliente.

2. Investigar y elegir un nicho de mercado: Antes de comenzar, es importante investigar y elegir un nicho de mercado rentable. Esto implica identificar un grupo específico de personas con necesidades o intereses comunes a los que puedas dirigirte con tus productos.

3. Buscar proveedores confiables: Una vez que hayas seleccionado tu nicho de mercado, necesitarás encontrar proveedores confiables que estén dispuestos a trabajar contigo en el modelo de dropshipping. Investiga y contacta a varios proveedores potenciales para comparar precios, términos de envío, calidad de los productos y políticas de devolución.

4. Crear una tienda en línea: El siguiente paso es crear una tienda en línea donde puedas mostrar y vender los productos de tus proveedores. Puedes optar por utilizar plataformas de comercio electrónico como Shopify, WooCommerce o BigCommerce para construir tu tienda en línea de manera fácil y rápida.

5. Agregar productos a tu tienda: Una vez que tu tienda esté configurada, puedes comenzar a agregar productos de tus proveedores a tu catálogo. Asegúrate de incluir descripciones detalladas, imágenes de alta calidad y precios competitivos para cada producto.

6. Establecer precios y márgenes de beneficio: Calcula cuidadosamente tus precios de venta y márgenes de beneficio para asegurarte de que puedas cubrir tus costos y obtener ganancias. Ten en cuenta los costos de los productos, los gastos de envío, las tarifas de transacción y cualquier otro costo asociado con tu negocio.

7. Marketing y promoción: Una vez que tu tienda esté lista, es hora de empezar a promocionarla y atraer clientes. Utiliza una combinación de tácticas de marketing digital, como el SEO, la publicidad en redes sociales, el marketing de contenido y el correo electrónico marketing, para aumentar la visibilidad de tu tienda y generar tráfico.

8. Gestionar pedidos y atención al cliente: A medida que comienzas a recibir pedidos, asegúrate de gestionarlos eficientemente y proporcionar un excelente servicio al cliente. Responde rápidamente a las consultas de los clientes, asegúrate de que los pedidos se envíen a tiempo y proporciona asistencia postventa si es necesario.

Luis López

El dropshipping ha demostrado ser exitoso en una variedad de **nichos de mercado**, entre los que se destacan los productos de belleza y cuidado personal, la moda y los accesorios, los artículos para el hogar y la decoración, el fitness y el bienestar, la electrónica y gadgets, y la alimentación especializada y productos gourmet.

Los productos de belleza, que incluyen maquillaje, productos para el cuidado de la piel, cabello y fragancias, son altamente demandados por consumidores que buscan lucir y sentirse bien. Del mismo modo, **la moda**, que engloba ropa, calzado, joyería y accesorios, satisface la necesidad de expresión personal y estilo.

En cuanto al ámbito del **hogar**, los consumidores están constantemente en búsqueda de muebles, decoración, textiles, iluminación y artículos de cocina para personalizar y embellecer sus espacios, reflejando así su personalidad y gustos.

El fitness y el bienestar, con una creciente conciencia sobre la salud y el cuidado del cuerpo, ofrecen oportunidades en productos como equipos de ejercicio, suplementos nutricionales, ropa deportiva y productos de salud y bienestar.

Los gadgets y productos electrónicos, desde teléfonos inteligentes hasta accesorios tecnológicos innovadores, son objetos de deseo para consumidores ávidos de tecnología y últimas tendencias.

Por último, **la alimentación especializada y gourmet**, que incluye productos orgánicos, veganos, sin gluten y gourmet, está en alza, ya que cada vez más consumidores buscan opciones saludables y de calidad.

Estos nichos ofrecen oportunidades emocionantes para emprendedores interesados en el dropshipping, pero es crucial investigar y evaluar cada uno para determinar su viabilidad y potencial de éxito antes de iniciar un negocio en este ámbito.

Luis López

Algunas de **las plataformas más populares y efectivas para hacer dropshipping** son:

1. Shopify: Esta plataforma es una de las opciones más conocidas y completas para crear una tienda en línea. Ofrece una amplia gama de herramientas y funciones diseñadas específicamente para el dropshipping, incluyendo integraciones con proveedores y aplicaciones para la gestión de pedidos y productos.

2. WooCommerce: Es un plugin de comercio electrónico para WordPress que permite crear una tienda en línea de manera flexible y personalizable. Con complementos específicos de dropshipping, WooCommerce se convierte en una opción poderosa para aquellos que desean iniciar un negocio de dropshipping.

3. AliExpress: Es una plataforma de comercio electrónico que conecta a compradores con vendedores de todo el mundo. Muchos dropshippers utilizan AliExpress como fuente de productos debido a su amplia selección y bajos precios. Además, ofrece la posibilidad de envío directo al cliente, lo que facilita el proceso de dropshipping.

4.SaleHoo: Es un directorio de proveedores que ofrece una amplia selección de productos de diferentes nichos. SaleHoo proporciona información detallada sobre cada proveedor, incluyendo su reputación, productos disponibles y políticas de envío, lo que facilita la búsqueda de proveedores confiables para tu negocio de dropshipping.

5. Doba: Es un mercado en línea que conecta a minoristas con proveedores mayoristas. Doba ofrece una amplia gama de productos de diferentes categorías, lo que permite a los dropshippers encontrar productos adecuados para sus tiendas en línea.

Estas son solo algunas de las plataformas más populares para hacer dropshipping, pero existen muchas otras opciones disponibles en el mercado. Es importante investigar y comparar las características y tarifas de cada plataforma para encontrar la que mejor se adapte a tus necesidades y objetivos comerciales.

Luis López

OPORTUNIDAD 10: EDICIÓN DE VÍDEO

La edición de vídeo es un proceso creativo y técnico que implica manipular y organizar clips de vídeo, imágenes, audio y efectos visuales para crear una narrativa cohesiva y atractiva. Consiste en cortar y unir clips, ajustar el color y el brillo, añadir efectos especiales y transiciones, así como sincronizar el audio con la imagen.

Desde casa, la edición de vídeo **ofrece una gama de oportunidades para ganar dinero**. Con el auge de las plataformas de vídeo como YouTube, Vimeo y las redes sociales, la demanda de contenido visual de alta calidad está en constante crecimiento. Muchas empresas y creadores de contenido buscan profesionales de la edición de vídeo para mejorar la calidad de sus producciones, desde comerciales publicitarios hasta videos educativos y de entretenimiento.

Para llevar a cabo la edición de vídeo desde casa, **es fundamental contar con un equipo adecuado**, que puede incluir una computadora potente, software de edición como Adobe Premiere Pro, Final Cut Pro o Davinci Resolve, y experiencia en el manejo de herramientas de edición. Además, **es importante desarrollar habilidades creativas** para entender la narrativa y el flujo visual de un proyecto, así como habilidades técnicas para dominar el software de edición.

Para comenzar, puedes ofrecer tus servicios de edición de vídeo en plataformas freelance como Upwork, Freelancer o Fiverr, donde puedes encontrar proyectos de edición de vídeo para una variedad de clientes. También puedes crear tu propio canal de YouTube o perfil en redes sociales para mostrar tu trabajo y atraer clientes potenciales.

Por ello, la edición de vídeo es una oportunidad de oro para trabajar desde casa, ya que ofrece la posibilidad de ganar dinero a través de la creación de contenido visual de alta calidad para una amplia gama de clientes y audiencias.

Luis López

Trabajar en la edición de vídeo desde casa ofrece una serie de **beneficios** significativos. En primer lugar, proporciona una flexibilidad laboral invaluable. Como editor de vídeo freelance, tienes la **libertad de establecer tu propio horario de trabajo y elegir los proyectos en los que deseas participar**. Además, la edición de vídeo **es un proceso altamente creativo** que brinda la oportunidad de expresar tu visión artística y narrativa. A través de la manipulación de clips de vídeo, imágenes, audio y efectos visuales, puedes crear contenido visual único y atractivo que capture la atención de tu audiencia.

Otro beneficio importante de trabajar en la edición de vídeo es **la amplia variedad de proyectos** en los que puedes participar. Desde comerciales y videos promocionales hasta documentales y películas, hay una gran demanda de contenido de vídeo de alta calidad en una variedad de industrias y nichos. Esta diversidad de proyectos te permite mantener tu trabajo interesante y desafiante, ya que siempre estás trabajando en algo nuevo y emocionante.

Finalmente, **la edición de vídeo ofrece un potencial de ingresos significativo**. Con la creciente demanda de contenido de vídeo en plataformas como YouTube, Vimeo y las redes sociales, hay una amplia gama de oportunidades para ganar dinero como editor de vídeo. A medida que adquieras experiencia y habilidades, podrás aumentar tus tarifas y obtener proyectos más lucrativos, lo que te permitirá alcanzar tus objetivos financieros a largo plazo.

Los principales potenciales clientes con los que puedes ganar dinero como editor de vídeo, incluyen:

1. **Empresas y marcas:** Muchas empresas y marcas necesitan videos promocionales, comerciales y de marketing para promocionar sus productos y servicios. Como editor de vídeo, puedes ofrecer tus servicios para crear contenido visual que ayude a aumentar su presencia en línea y atraer a nuevos clientes.
2. **Creadores de contenido:** Los YouTubers, vloggers y creadores de contenido en redes sociales necesitan videos de alta calidad para mantener comprometida a su audiencia. Puedes trabajar con ellos para editar sus videos y mejorar la calidad de su contenido.
3. **Agencias de producción:** Las agencias de producción de vídeo suelen subcontratar la edición de vídeo a freelancers para satisfacer las necesidades de sus clientes. Puedes colaborar con estas agencias para trabajar en una variedad de proyectos emocionantes.
4. **Instituciones educativas:** Las escuelas, universidades y empresas de capacitación en línea a menudo requieren videos educativos y de capacitación. Puedes ofrecer tus servicios de edición de vídeo para crear contenido que ayude a educar y capacitar a estudiantes y empleados.

Luis López

En el mundo de la edición de vídeo, **las tendencias** están en constante evolución para adaptarse a los cambios en la tecnología, el consumo de medios y las preferencias de la audiencia. Algunas de las principales tendencias en edición de vídeo a las que vale la pena prestar atención incluyen:

1. **Vídeo vertical para redes sociales:** Con el crecimiento del consumo de medios en dispositivos móviles y el auge de plataformas como Instagram, TikTok y Snapchat, el formato vertical se ha vuelto cada vez más popular. Los editores de vídeo están adaptando sus técnicas y habilidades para crear contenido vertical que sea atractivo y efectivo en estas plataformas.
2. **Edición de vídeo en tiempo real:** Con el avance de la tecnología y el software de edición de vídeo, los editores ahora pueden realizar ediciones en tiempo real durante eventos en vivo y transmisiones en directo. Esto permite una mayor interactividad y flexibilidad en la producción de contenido en tiempo real.
3. **Narrativa no lineal:** Los editores están explorando nuevas formas de contar historias a través de la edición de vídeo no lineal. Esto implica el uso de técnicas como saltos en el tiempo, montajes paralelos y narrativas fragmentadas para crear contenido visualmente interesante y emocionante.
4. **Realidad aumentada y efectos visuales:** Con el avance de la tecnología de realidad aumentada (RA) y efectos visuales (VFX), los editores de vídeo están integrando cada vez más elementos digitales en sus producciones. Esto puede incluir la superposición de gráficos animados, efectos especiales y elementos interactivos para mejorar la experiencia visual del espectador.
5. **Edición de vídeo en 360 grados y realidad virtual:** Con la creciente popularidad de la realidad virtual (VR) y los vídeos en 360 grados, los editores están explorando nuevas formas de crear contenido inmersivo y envolvente. Esto puede incluir la edición de vídeos panorámicos y la integración de efectos especiales para crear experiencias visuales únicas.

Estas son solo algunas de las tendencias emergentes en edición de vídeo que están dando forma al futuro de la industria. Para aquellos que desean trabajar en este sector, apostar por estas tendencias y desarrollar habilidades en áreas como el vídeo vertical, la edición en tiempo real y los efectos visuales puede proporcionar oportunidades emocionantes y lucrativas en el mercado laboral actual.

Luis López

Conseguir clientes como editor de vídeo puede requerir un enfoque estratégico y proactivo. Aquí hay algunas formas efectivas de conseguir clientes:

1. Crear un portafolio impresionante: Antes de buscar clientes, es importante tener un portafolio sólido que muestre tu trabajo y habilidades como editor de vídeo. Incluye una variedad de proyectos que demuestren tu versatilidad y experiencia en diferentes estilos y géneros.

2. Utilizar plataformas freelance: Regístrate en plataformas freelance como Upwork, Freelancer o Fiverr, donde puedes crear un perfil y ofrecer tus servicios de edición de vídeo a clientes de todo el mundo. Completa tu perfil con información detallada sobre tu experiencia, habilidades y tarifas, y comienza a enviar propuestas a proyectos que te interesen.

3. Redes sociales y marketing digital: Utiliza las redes sociales para promocionar tu trabajo y llegar a clientes potenciales. Crea perfiles en plataformas como LinkedIn, Instagram y Twitter, y comparte regularmente ejemplos de tu trabajo, consejos útiles y actualizaciones sobre tus servicios de edición de vídeo. También puedes invertir en publicidad digital dirigida para llegar a una audiencia más amplia.

4. Networking y colaboraciones: Participa en eventos de la industria, conferencias y talleres donde puedas conocer a otros profesionales del sector y establecer contactos. Colabora con otros creativos, como cineastas, fotógrafos y productores de contenido, para expandir tu red y obtener referencias de clientes potenciales.

5. Contactar directamente a empresas y agencias: Investiga empresas locales, agencias de marketing, estudios de producción y otros clientes potenciales y envíales una propuesta personalizada que resalte cómo tus servicios de edición de vídeo pueden beneficiar su negocio. Haz un seguimiento de tus correos electrónicos y mantén una comunicación activa para demostrar tu profesionalismo y compromiso.

6. Ofrecer descuentos y promociones: Para atraer nuevos clientes, considera ofrecer descuentos especiales o promociones por tiempo limitado en tus servicios de edición de vídeo. Esto puede ayudar a generar interés y atraer a clientes que de otra manera podrían no haber considerado tus servicios.

Recuerda que la consistencia y la paciencia son clave en la búsqueda de clientes como editor de vídeo. Construir relaciones sólidas con clientes existentes y mantener una reputación positiva en la industria también puede ayudarte a obtener referencias y recomendaciones que impulsen tu negocio a largo plazo.

Luis López

OPORTUNIDAD 11: TUTORÍAS EN LÍNEA

Ofrecer **tutorías en línea** desde casa es más que simplemente compartir conocimientos; es una oportunidad para contribuir al crecimiento académico y personal de los estudiantes mientras construyes tu propia carrera como educador independiente. Este enfoque de enseñanza personalizada permite adaptar el contenido y el ritmo de aprendizaje a las necesidades individuales de cada estudiante, lo que puede conducir a una comprensión más profunda y un mayor éxito académico.

Al especializarte en un área específica, ya sea una materia académica como matemáticas o ciencias, o una habilidad práctica como programación o diseño gráfico, **puedes ofrecer un servicio altamente valorado y atractivo para una amplia gama de estudiantes**. La preparación de un plan de estudio estructurado y la creación de materiales de enseñanza de alta calidad son esenciales para proporcionar una experiencia de aprendizaje efectiva y satisfactoria.

La elección de la plataforma de tutoría en línea adecuada es clave para llegar a una audiencia global de estudiantes. Estas plataformas proporcionan la infraestructura necesaria para conectar a tutores y estudiantes, gestionar las sesiones de tutoría y procesar los pagos de manera segura y conveniente. Además, ofrecen una amplia variedad de herramientas y recursos que facilitan la comunicación y la colaboración durante las sesiones de tutoría en línea.

Establecer tarifas competitivas y horarios flexibles te permite atraer a estudiantes potenciales y adaptarte a tus propias necesidades y responsabilidades. La promoción activa de tus servicios de tutoría en línea a través de estrategias de marketing digital te ayudará a destacarte entre la competencia y atraer a estudiantes interesados. La creación de contenido relevante y útil en blogs, redes sociales y otros canales te permite demostrar tu experiencia y establecer tu reputación como experto en tu campo.

Durante las sesiones de tutoría en línea, es importante crear un ambiente de aprendizaje positivo y colaborativo. Utilizar herramientas de videoconferencia y otras tecnologías educativas para facilitar la comunicación y el intercambio de conocimientos puede mejorar la experiencia de aprendizaje y aumentar la participación de los estudiantes. Al ofrecer tutorías en línea desde casa, no solo estás generando ingresos adicionales, sino que también estás contribuyendo al éxito académico y personal de tus estudiantes mientras construyes tu propia carrera como educador independiente.

Luis López

Para ofrecer tutorías en línea desde casa, necesitas algunos elementos clave. En primer lugar, debes contar con un buen **equipo informático** que incluya una computadora o portátil con acceso a Internet de alta velocidad y una cámara web de calidad. Esto es fundamental para garantizar una conexión estable y una comunicación clara durante las sesiones de tutoría.

Además del hardware, también necesitas tener acceso a **herramientas de videoconferencia y plataformas de enseñanza en línea**. Hay opciones como Zoom, Skype, Google Meet y plataformas especializadas en tutorías como Tutor.com o Chegg Tutors. Estas herramientas te permiten comunicarte con los estudiantes, compartir pantalla, colaborar en documentos y realizar sesiones de tutoría efectivas.

Por supuesto, también necesitas tener **conocimientos sólidos en el tema que vas a enseñar y habilidades pedagógicas para explicar conceptos de manera clara y comprensible**. La capacidad para adaptar tu enfoque de enseñanza a las necesidades individuales de cada estudiante y proporcionar retroalimentación constructiva es esencial para garantizar una experiencia de aprendizaje positiva.

Además, es importante ser organizado y puntual en la gestión de tus horarios de tutoría y en la preparación de materiales de enseñanza. Esto incluye la elaboración de planes de estudio detallados, la creación de ejercicios y actividades relevantes, y la recopilación de recursos adicionales para apoyar el aprendizaje de los estudiantes.

Por último, pero no menos importante, necesitas tener **una actitud profesional y empática hacia tus estudiantes**. Ser paciente, comprensivo y alentador puede marcar una gran diferencia en la experiencia de aprendizaje de los estudiantes y ayudarlos a alcanzar sus metas académicas y personales. En resumen, para dar tutorías en línea desde casa, necesitas un buen equipo informático, acceso a herramientas de videoconferencia y enseñanza en línea, conocimientos sólidos en el tema que vas a enseñar, habilidades pedagógicas, organización y profesionalismo.

Luis López

Los principales temas de tutorías en línea varían según la demanda del mercado y las necesidades de los estudiantes. Sin embargo, algunos temas tienden a destacarse por su popularidad y la demanda constante que generan. Entre estos temas, las matemáticas ocupan un lugar destacado, desde conceptos básicos hasta álgebra, geometría, cálculo y estadísticas. Muchos estudiantes buscan ayuda adicional para comprender estos conceptos y mejorar sus habilidades en esta área.

Otro tema común es el de **las ciencias**, que incluye disciplinas como la biología, la química y la física. Los estudiantes a menudo buscan asistencia para entender los conceptos científicos, resolver problemas y prepararse para exámenes. Además, las tutorías en **idiomas**, como inglés, español, francés, alemán, entre otros, son muy solicitadas por aquellos que desean mejorar sus habilidades lingüísticas para razones académicas, profesionales o personales.

Con el auge de **la industria tecnológica**, la tutoría en programación y tecnología se ha vuelto cada vez más popular. Esto incluye lenguajes de programación como Python, Java, JavaScript, así como temas relacionados con el desarrollo web, la inteligencia artificial y el análisis de datos. También hay una demanda constante de tutorías en preparación para exámenes estandarizados, como el SAT, ACT, GRE, GMAT, TOEFL, entre otros.

Además de estos temas académicos, las tutorías en **artes visuales, música y otros campos creativos** también son populares entre aquellos que buscan desarrollar sus habilidades artísticas y creativas. Por último, pero no menos importante, algunas personas recurren a tutorías en línea para mejorar sus habilidades de estudio, gestión del tiempo, habilidades de comunicación, liderazgo, entre otros aspectos relacionados con el desarrollo personal y profesional.

Luis López

Encontrar clientes para dar tutorías en línea puede requerir una combinación de estrategias de marketing y promoción. Aquí hay algunas **formas efectivas de conseguir clientes**:

1. Plataformas de tutoría en línea: Regístrate en plataformas dedicadas a conectar tutores con estudiantes, como Tutor.com, Chegg Tutors, Wyzant, entre otras. Estas plataformas te permiten crear un perfil, establecer tus tarifas y especialidades, y conectarte con estudiantes que buscan tus servicios de tutoría.

2. Redes sociales: Utiliza plataformas como LinkedIn, Facebook, Instagram y Twitter para promocionar tus servicios de tutoría en línea. Publica contenido relevante relacionado con tu área de especialización, comparte testimonios de clientes satisfechos y ofrece descuentos especiales o promociones para atraer a nuevos clientes.

3. Sitios web y blogs: Crea un sitio web profesional donde puedas destacar tus servicios de tutoría en línea, tu experiencia y tus tarifas. Escribe artículos de blog útiles y relevantes sobre temas relacionados con tu área de especialización para atraer tráfico a tu sitio y establecerte como una autoridad en tu campo.

4. Foros y comunidades en línea: Únete a foros y comunidades en línea relacionados con tu área de especialización donde puedas participar en conversaciones, responder preguntas y ofrecer consejos útiles. Esto te ayudará a establecer tu reputación como experto en tu campo y atraer clientes potenciales.

5. Anuncios en línea: Considera invertir en publicidad en línea a través de plataformas como Google Ads o Facebook Ads para llegar a una audiencia más amplia de estudiantes potenciales. Segmenta tus anuncios según la ubicación, intereses y comportamientos de búsqueda para maximizar su efectividad.

6. Referencias y recomendaciones: Pide a tus clientes actuales y anteriores que te recomienden a amigos, familiares y conocidos que puedan beneficiarse de tus servicios de tutoría en línea. Las referencias personales son una de las formas más efectivas de conseguir nuevos clientes y construir tu base de clientes.

7. Colaboraciones y alianzas: Colabora con otros profesionales del sector, como profesores, educadores y bloggers, para llegar a una audiencia más amplia y obtener referencias de clientes potenciales. Busca oportunidades de colaboración en línea y fuera de línea que puedan beneficiar a ambas partes.

Al combinar estas estrategias de marketing y promoción, puedes aumentar tu visibilidad en línea y atraer clientes potenciales interesados en tus servicios de tutoría en línea. Recuerda ser consistente en tus esfuerzos de marketing, brindar un excelente servicio al cliente y adaptarte a las necesidades y preferencias de tus estudiantes para construir y mantener una base de clientes sólida a largo plazo.

OPORTUNIDAD 12: VENTA DE PRODUCTOS PERSONALIZADOS

La venta de productos personalizados **es una oportunidad emocionante para emprendedores creativos** que desean trabajar desde casa y generar ingresos adicionales. Consiste en crear y vender productos únicos y personalizados que se adapten a las necesidades y preferencias específicas de cada cliente. Estos productos pueden abarcar una amplia gama de artículos, desde artículos de papelería y decoración del hogar hasta ropa, accesorios, regalos y mucho más.

Para comenzar a ganar dinero mediante la venta online de productos personalizados, es crucial **identificar un nicho de mercado específico** en el que haya una demanda real para este tipo de productos. Esto puede implicar investigar tendencias del mercado, así como tus propios intereses y habilidades. Una vez que hayas identificado tu nicho de mercado, puedes desarrollar una línea de productos personalizados que se adapten a las necesidades y preferencias de tu público objetivo.

Luego, **es importante configurar una tienda en línea** para mostrar y vender tus productos personalizados. Puedes optar por utilizar plataformas de comercio electrónico como Shopify, Etsy, WooCommerce o BigCommerce para configurar tu tienda de manera fácil y rápida. Una vez que tu tienda esté configurada, es fundamental promocionarla para atraer clientes potenciales. Utiliza estrategias de marketing digital como las redes sociales, la optimización para motores de búsqueda (SEO), la publicidad en línea y el marketing por correo electrónico para aumentar la visibilidad de tu tienda y generar tráfico.

Ofrecer un excelente servicio al cliente es clave para mantener a tus clientes satisfechos y fomentar la lealtad a la marca. Asegúrate de responder rápidamente a las consultas de los clientes, ofrecer opciones de personalización adicionales y garantizar la calidad y puntualidad de tus productos. A medida que tu negocio crezca, considera expandir y diversificar tu línea de productos personalizados para satisfacer las necesidades cambiantes de tu mercado objetivo. Con dedicación, perseverancia y un enfoque estratégico, puedes construir un negocio exitoso y rentable en el emocionante mundo de la venta de productos personalizados.

Luis López

En el mundo de los artículos personalizados, **algunos nichos se destacan por su rentabilidad y demanda constante**. Aquí hay algunos de los nichos más rentables relativos a artículos personalizados:

1. **Artículos de papelería personalizada:** Esto incluye agendas, cuadernos, tarjetas de felicitación, papelería para bodas y eventos especiales, entre otros. La papelería personalizada es popular entre aquellos que buscan expresar su estilo personal y hacer regalos únicos y significativos.
2. **Artículos para el hogar:** Los artículos personalizados para el hogar, como tazas, cojines, alfombras, toallas, tablas de cortar y marcos de fotos, son muy populares entre quienes desean agregar un toque personal a su hogar o hacer regalos personalizados para amigos y familiares.
3. **Ropa y accesorios:** La ropa y los accesorios personalizados, como camisetas, sudaderas, gorras, bolsos, joyas y calcetines, son otro nicho lucrativo en el mercado de artículos personalizados. Los consumidores buscan prendas únicas y personalizadas que reflejen su estilo y personalidad.
4. **Artículos para eventos especiales:** Los artículos personalizados para eventos como bodas, cumpleaños, baby showers y graduaciones son altamente demandados. Esto incluye invitaciones, decoraciones, regalos para invitados y recuerdos personalizados que hacen que cada ocasión sea única y memorable.

En cuanto a **los artículos personalizados que mejor se venden**, esto puede variar según el nicho de mercado y las tendencias actuales. Sin embargo, algunos artículos personalizados populares incluyen:
- Tazas y botellas de agua personalizadas con nombres, fotos o mensajes inspiradores.
- Camisetas y sudaderas con diseños únicos y personalizados.
- Joyas personalizadas, como collares, pulseras y anillos grabados con nombres o fechas especiales.
- Bolsos y estuches personalizados con diseños originales y personalizados.
- Libretas y agendas personalizadas con nombres o iniciales grabadas en la portada.
- Cuadros y lienzos personalizados con fotos familiares, citas inspiradoras o ilustraciones únicas.
- Productos para eventos especiales, como invitaciones de boda personalizadas, sellos de boda, decoraciones y recuerdos grabados.

Luis López

Para vender artículos personalizados en línea, es importante cumplir con ciertos **requisitos para garantizar el éxito y la legalidad de tu negocio**. Aquí hay algunos requisitos necesarios para vender artículos personalizados en línea:

1. Producto y diseño: Debes tener productos únicos y atractivos que puedas personalizar según las necesidades y preferencias de tus clientes. Esto puede incluir una variedad de artículos, desde ropa y accesorios hasta artículos para el hogar y productos de papelería. Además, necesitarás habilidades de diseño gráfico o acceso a diseñadores para crear o personalizar los productos según las especificaciones de tus clientes.

2. Proveedor de productos: Debes encontrar proveedores confiables y de buena calidad para los artículos base que vas a personalizar. Esto puede implicar buscar proveedores locales o internacionales, dependiendo de tus necesidades y preferencias. Asegúrate de investigar a fondo a tus proveedores y verificar la calidad de sus productos antes de hacer cualquier compra.

3. Plataforma de venta en línea: Necesitarás una plataforma de venta en línea para mostrar y vender tus productos personalizados. Puedes optar por utilizar una plataforma de comercio electrónico como Shopify, Etsy, WooCommerce o BigCommerce para configurar tu tienda en línea de manera fácil y rápida. Asegúrate de elegir una plataforma que se adapte a tus necesidades y presupuesto, y que te brinde las herramientas necesarias para administrar y promocionar tu tienda de manera efectiva.

4. Proceso de personalización: Debes tener un proceso claro y eficiente para personalizar los productos según las especificaciones de tus clientes. Esto puede incluir la recopilación de información y archivos necesarios para la personalización, la comunicación regular con los clientes para confirmar los detalles del pedido y la ejecución precisa y oportuna de las solicitudes de personalización.

5. Aspectos legales y fiscales: Es importante cumplir con todas las leyes y regulaciones locales, estatales y federales relacionadas con la venta de productos en línea. Esto puede incluir obtener licencias comerciales y permisos necesarios, registrar tu negocio y pagar impuestos sobre las ventas y los ingresos generados por tu actividad comercial.

Al cumplir con estos requisitos necesarios, estarás bien preparado para vender artículos personalizados en línea de manera exitosa y legal. Asegúrate de dedicar tiempo y recursos suficientes a cada aspecto de tu negocio para garantizar un funcionamiento suave y satisfactorio.

Luis López

Hay varias **plataformas populares donde puedes vender productos personalizados en línea**. Aquí están algunas de las mejores:

1. **Etsy**: Es una de las plataformas más conocidas para vender productos hechos a mano y personalizados. Etsy es especialmente popular entre los compradores que buscan artículos únicos y originales.
2. **Shopify**: Esta plataforma de comercio electrónico te permite crear tu propia tienda en línea y vender una amplia gama de productos personalizados. Shopify ofrece muchas herramientas y características para personalizar tu tienda y aumentar las ventas.
3. **Amazon Handmade**: Amazon Handmade es una sección de Amazon dedicada a productos hechos a mano y personalizados. Al vender en Amazon Handmade, puedes aprovechar la gran base de clientes de Amazon y llegar a una audiencia más amplia.
4. **Redbubble**: Es una plataforma de venta de productos personalizados, especialmente popular entre los diseñadores y artistas. Redbubble te permite vender tus diseños en una variedad de productos, como camisetas, fundas de teléfono, pegatinas y mucho más.

Para ganar más dinero con la venta de productos personalizados en línea, aquí hay algunas claves:

1. **Identifica tu nicho:** Encuentra un nicho de mercado específico en el que puedas destacarte y atraer a clientes. Esto puede incluir productos personalizados para bodas, eventos especiales, hobbies específicos, y más.
2. **Ofrece productos de alta calidad:** Asegúrate de ofrecer productos de alta calidad que cumplan con las expectativas de tus clientes. Utiliza materiales de buena calidad y presta atención a los detalles en el proceso de personalización.
3. **Promociona tu tienda:** Utiliza estrategias de marketing digital para promocionar tu tienda y llegar a más clientes potenciales. Esto puede incluir publicidad en redes sociales, marketing por correo electrónico, colaboraciones con influencers, y más.
4. **Ofrece una excelente atención al cliente:** Proporciona un servicio al cliente excepcional para fomentar la lealtad del cliente y generar recomendaciones. Responde rápidamente a las consultas de los clientes, ofrece opciones de personalización adicionales, y garantiza la satisfacción del cliente en todo momento.
5. **Mantén tu tienda actualizada:** Añade regularmente nuevos productos y diseños a tu tienda para mantenerla fresca y relevante. Mantente al tanto de las tendencias del mercado y ofrece productos que estén en demanda entre tu audiencia objetivo.

Al seguir estas claves, puedes aumentar tus ventas y ganar más dinero con la venta de productos personalizados en línea. Recuerda ser paciente y persistente, ya que construir un negocio exitoso lleva tiempo y esfuerzo.

Luis López

OPORTUNIDAD 13: NARRACIÓN DE AUDIOLIBROS

La **narración de audiolibros** es una forma fascinante de ganar dinero desde casa al convertirse en la voz detrás de historias emocionantes, obras literarias o contenido educativo. Consiste en grabar tu voz leyendo libros u otros textos para crear versiones auditivas que los oyentes pueden disfrutar en cualquier momento y lugar.

Esta actividad presenta diversas ventajas que la hacen atractiva como una fuente de ingresos desde casa. En primer lugar, **permite flexibilidad en términos de horarios y ubicación**, ya que puedes grabar desde la comodidad de tu hogar, estableciendo tus propios tiempos de trabajo. Esto es especialmente beneficioso para aquellos que desean un trabajo independiente y desean gestionar su tiempo de manera más autónoma.

Además, la narración de audiolibros **ofrece la posibilidad de sumergirse en historias diversas y explorar un amplio rango de géneros literario**s, desde la ficción hasta la no ficción, pasando por la literatura infantil, el misterio, la ciencia ficción, entre otros. Esto no solo brinda una experiencia enriquecedora y estimulante, sino que también puede ser una excelente oportunidad para expandir tu conocimiento y habilidades como narrador.

Otra ventaja significativa es **el potencial de ingresos**. A medida que aumenta la popularidad de los audiolibros como una forma conveniente y accesible de consumir contenido literario, la demanda de narradores talentosos también está en alza. Esto significa que los narradores de audiolibros bien calificados y comprometidos pueden ganar una cantidad significativa de dinero por sus servicios, especialmente si logran establecerse como narradores reconocidos en el mercado.

Además, el hecho de que los audiolibros estén disponibles en plataformas de distribución digital como Audible, Google Play Books, iTunes y Amazon, entre otros, amplía enormemente el alcance potencial de tu trabajo como narrador. Esto te permite llegar a una audiencia global y aumentar tus oportunidades de éxito y reconocimiento en la industria.

Luis López

La demanda de narradores de audiolibros ha aumentado significativamente en los últimos años debido a diversos factores clave que han impulsado este fenómeno. Con la creciente penetración de dispositivos móviles y la popularidad de plataformas de streaming, los consumidores buscan cada vez más formas convenientes de acceder al contenido. Los audiolibros ofrecen una opción atractiva para aquellos que desean disfrutar de la lectura mientras están en movimiento, haciendo ejercicio o realizando otras actividades.

Además, **el mercado de audiolibros ha experimentado un notable crecimiento**, con una amplia variedad de títulos disponibles y una mayor adopción por parte de los consumidores. Esto ha generado una creciente demanda de narradores talentosos que puedan ofrecer una experiencia auditiva atractiva y cautivadora.

Los audiolibros atraen a una amplia gama de audiencias, desde jóvenes hasta adultos mayores, y abarcan una variedad de intereses y géneros. Esto ha ampliado el alcance potencial del mercado de audiolibros y ha creado oportunidades para narradores de diferentes estilos y voces. La narración de audiolibros ha ganado una mayor aceptación y reconocimiento como una forma legítima de consumir contenido literario. Muchos autores y editoriales están optando por producir versiones en audiolibro de sus obras, lo que ha aumentado la demanda de narradores profesionales para llevar estas historias a la vida.

En resumen, la demanda de narradores de audiolibros está impulsada por la creciente popularidad y accesibilidad de los audiolibros, así como por la diversidad de audiencias y géneros que atraen. Esto ha creado oportunidades emocionantes para narradores talentosos que deseen capitalizar este creciente mercado y ofrecer experiencias auditivas memorables y cautivadoras a los oyentes de todo el mundo.

Luis López

Los narradores de libros pueden **encontrar trabajo** en una variedad de lugares y plataformas. Aquí hay algunas opciones donde pueden buscar oportunidades:

1. Plataformas en línea de audiolibros: Sitios web como ACX (Audiobook Creation Exchange), Voices.com y Voices123.com son plataformas en línea donde los narradores pueden registrarse y encontrar audiciones para proyectos de audiolibros.

2. Agencias de talentos: Las agencias de talentos a menudo representan a narradores de audiolibros y pueden ayudarles a encontrar oportunidades de trabajo. Buscar agencias especializadas en narración de audiolibros puede ser una buena opción para quienes buscan trabajo en este campo.

3. Editoriales y productoras de audiolibros: Muchas editoriales y productoras de audiolibros contratan narradores para grabar versiones en audiolibro de libros impresos. Puedes contactar directamente con estas empresas para preguntar sobre posibles oportunidades de trabajo.

4. Plataformas de trabajo independiente: Sitios web como Upwork, Freelancer y Fiverr también pueden ser una fuente de oportunidades para narradores de audiolibros que deseen trabajar de forma independiente. Puedes crear un perfil en estas plataformas y ofrecer tus servicios de narración de audiolibros a clientes potenciales.

5. Redes profesionales y eventos de la industria: Participar en eventos de la industria del audiolibro y establecer contactos con otros profesionales del campo puede ayudarte a encontrar oportunidades de trabajo. Unirte a grupos en línea y redes profesionales dedicadas a la narración de audiolibros también puede ser útil para estar al tanto de nuevas oportunidades.

Al buscar trabajo como narrador de audiolibros, es importante tener un demo de voz de alta calidad que muestre tus habilidades como narrador. También es útil tener experiencia previa en narración de audiolibros o en otras formas de narración, así como una voz clara y expresiva que pueda captar la atención de los oyentes.

Luis López

OPORTUNIDAD 14: VENTA DE EBOOKS

La venta de eBooks presenta una serie de ventajas económicas significativas que lo convierten en una opción altamente lucrativa para quienes desean generar ingresos desde casa. Una de las principales ventajas es la baja barrera de entrada en comparación con la publicación de libros impresos. **No necesitas invertir grandes sumas de dinero en la impresión y distribución física de libros**, lo que reduce significativamente los costos iniciales asociados con la creación y edición de contenido.

Además, la creación y edición de eBooks **ofrece una gran flexibilidad en términos de contenido y formato**. Puedes escribir sobre una amplia variedad de temas y géneros, desde ficción y no ficción hasta tutoriales, guías prácticas, manuales, libros de cocina y mucho más. Esto te permite capitalizar tus conocimientos, habilidades y pasiones para crear contenido único y atractivo que resuene con tu audiencia objetivo.

Otra ventaja importante es **la escalabilidad del negocio de los eBooks**. Una vez que has creado y editado tu eBook, puedes vender copias ilimitadas sin incurrir en costos adicionales de producción. Esto significa que puedes generar ingresos pasivos a largo plazo a partir de la venta continua de tu eBook, lo que te permite maximizar tus ganancias y obtener un retorno significativo de tu inversión de tiempo y esfuerzo.

Además, la venta de eBooks **te brinda la oportunidad de llegar a una audiencia global a través de plataformas de distribución digital** como Amazon Kindle, Apple Books, Google Play Books y otras. Estas plataformas te permiten alcanzar a millones de lectores en todo el mundo y aumentar el potencial de ventas de tu eBook de manera significativa.

En suma, la creación y edición de eBooks ofrece una serie de ventajas económicas que lo convierten en una opción altamente lucrativa para aquellos que desean ganar dinero desde casa. Con bajos costos iniciales, flexibilidad de contenido y formato, escalabilidad del negocio y acceso a una audiencia global, la venta de eBooks representa una oportunidad emocionante para generar ingresos pasivos y construir un negocio rentable a largo plazo.

Luis López

Crear un eBook puede ser un proceso relativamente sencillo, ya sea que utilices software de procesamiento de texto como Microsoft Word o aplicaciones específicas para la creación de eBooks. Aquí tienes **una guía básica para crear un eBook**:

1. **Planifica tu contenido:** Antes de empezar a escribir, es importante tener una idea clara de qué quieres incluir en tu eBook. Define el tema, la estructura y los capítulos principales que abordarás en tu libro electrónico.
2. **Escribe tu contenido:** Utiliza un software de procesamiento de texto como Microsoft Word para escribir y formatear tu contenido. Organiza tu texto en capítulos y secciones, utiliza encabezados y subtítulos para mejorar la legibilidad y asegúrate de revisar y corregir tu texto para evitar errores ortográficos y gramaticales.
3. **Agrega elementos multimedia:** Si deseas incluir imágenes, gráficos, tablas u otros elementos multimedia en tu eBook, asegúrate de que estén correctamente formateados e integrados en tu documento de Word. Puedes agregar estas imágenes directamente en el documento y ajustar su tamaño y posición según sea necesario.
4. **Exporta a formato eBook:** Una vez que hayas completado tu contenido en Word, puedes exportarlo a formato eBook. Para ello, puedes utilizar herramientas de conversión en línea o programas especializados como Calibre. Estas herramientas te permiten convertir tu documento de Word a formatos compatibles con la mayoría de los lectores de eBooks, como EPUB o MOBI.
5. **Revisa el formato:** Después de convertir tu eBook, asegúrate de revisar el formato y el diseño para asegurarte de que se vea bien en diferentes dispositivos y plataformas de lectura. Puedes abrir el eBook en un visor de eBooks o utilizar herramientas de vista previa para verificar cómo se verá en diferentes dispositivos.

Si prefieres utilizar **aplicaciones más fáciles de usar para la creación de eBooks**, hay varias opciones disponibles que te permiten crear eBooks de manera rápida y sencilla sin necesidad de tener experiencia técnica en diseño o edición. Algunas de estas aplicaciones incluyen:

- **Canva:** Canva es una herramienta en línea que te permite crear eBooks utilizando plantillas prediseñadas y elementos gráficos personalizables. Es fácil de usar y ofrece una amplia variedad de opciones de diseño para crear eBooks visualmente atractivos.
- **Google Docs:** Google Docs es otra opción popular para la creación de eBooks, ya que ofrece muchas de las mismas funciones de formato y colaboración que Microsoft Word, pero de forma gratuita y basada en la nube. Puedes escribir y formatear tu contenido en Google Docs y luego exportarlo a formato PDF o EPUB para crear tu eBook.

Existen diversos **nichos populares** para vender eBooks, cada uno con su propia audiencia específica y demanda única. Uno de los nichos más populares es el de **la autoayuda y el desarrollo personal**, que abarca temas como la motivación, el éxito, la productividad, la superación personal y el bienestar emocional. Los eBooks en este nicho ofrecen consejos prácticos, estrategias y técnicas para ayudar a los lectores a alcanzar sus metas y mejorar su calidad de vida.

Otro nicho lucrativo es el de **la salud y el bienestar**, que incluye una variedad de temas relacionados con la dieta, el ejercicio, la pérdida de peso, la nutrición, la medicina natural y el cuidado personal. Los eBooks en este nicho ofrecen información y consejos sobre cómo llevar un estilo de vida más saludable, prevenir enfermedades y mejorar el bienestar general.

El nicho de **la tecnología y la informática** también es muy popular, especialmente entre aquellos interesados en aprender sobre nuevos dispositivos, software, programación, diseño web y otros temas relacionados con la tecnología. Los eBooks en este nicho ofrecen tutoriales, guías y consejos prácticos para ayudar a los lectores a dominar diferentes aspectos de la tecnología y la informática.

Además, el nicho de **la educación y la formación profesional** es muy demandado, ya que ofrece oportunidades para aprender nuevas habilidades, adquirir conocimientos específicos y avanzar en la carrera profesional. Los eBooks en este nicho abarcan una amplia variedad de temas, desde idiomas y habilidades técnicas hasta negocios, marketing, finanzas y emprendimiento.

Otros nichos populares para vender eBooks incluyen **la ficción y la literatura, los viajes y la aventura, la cocina y la gastronomía, la belleza y la moda, la historia y la cultura**, entre otros. La clave para tener éxito en la venta de eBooks es identificar un nicho específico en el que tengas experiencia o interés, y crear contenido de alta calidad y valor para tu audiencia objetivo.

Luis López

El proceso para vender un eBook implica varios pasos importantes que van desde la creación del contenido hasta la promoción y distribución. Aquí te explico los pasos principales:

1. Creación del eBook: El primer paso es crear tu eBook, lo cual incluye la redacción del contenido, el diseño de la portada y la maquetación del documento. Puedes utilizar software de procesamiento de texto como Microsoft Word o aplicaciones específicas para la creación de eBooks como Sigil o Calibre.

2. Formato del eBook: Una vez que hayas terminado de crear tu eBook, es importante asegurarte de que esté en un formato compatible con los principales dispositivos de lectura. Los formatos más comunes son EPUB y MOBI, aunque también puedes optar por formato PDF si prefieres mantener el diseño original del documento.

3. Registro de derechos de autor: Antes de comenzar a vender tu eBook, considera registrar los derechos de autor para proteger tu trabajo contra la copia no autorizada y el uso indebido.

4. Elección de plataformas de venta: Una vez que tu eBook esté listo para ser vendido, elige las plataformas de venta donde deseas ofrecerlo. Algunas de las principales opciones incluyen:

- **Amazon Kindle Direct Publishing (KDP):** Amazon KDP es una plataforma popular para la autopublicación de eBooks en formato Kindle. Te permite crear una cuenta gratuita y cargar tu eBook para su venta en la tienda de Kindle de Amazon.

- **Smashwords:** Smashwords es otra plataforma de autopublicación que te permite distribuir tu eBook en una variedad de tiendas en línea, incluyendo Barnes & Noble, Apple Books y Kobo, entre otras.

- **Lulu:** Lulu es una plataforma de autopublicación que te permite crear y vender eBooks en una variedad de formatos y distribuirlos en varias tiendas en línea, así como vender copias impresas bajo demanda.

5. Configuración de precios y royalties: Configura el precio de tu eBook y elige el modelo de regalías que deseas recibir por cada venta. Algunas plataformas te permiten fijar un precio específico, mientras que otras te ofrecen opciones de regalías basadas en el precio de venta.

6. Promoción y marketing: Una vez que tu eBook esté disponible para la venta, es importante promocionarlo y comercializarlo para llegar a tu audiencia objetivo. Utiliza estrategias de marketing digital como las redes sociales, el correo electrónico marketing, los blogs y la publicidad en línea para generar interés y aumentar las ventas de tu eBook.

Siguiendo estos pasos, puedes vender tu eBook de manera efectiva y alcanzar a una audiencia global a través de plataformas de venta en línea. Recuerda mantener un enfoque constante en la calidad del contenido y la promoción para maximizar tus ventas y hacer que tu eBook sea un éxito.

Luis López

OPORTUNIDAD 15: PODCAST

Un **podcast** es un formato de contenido digital que consiste en episodios de audio que los usuarios pueden descargar o transmitir en línea. Estos episodios suelen abordar temas específicos, como noticias, entretenimiento, educación, entrevistas, historias de vida o consejos prácticos, y son creados y producidos por personas o equipos llamados podcasters.

Crear un podcast es una excelente forma de ganar dinero extra desde casa por varias razones. En primer lugar, los podcasts **ofrecen una gran flexibilidad en términos de contenido y formato**, lo que permite a los creadores abordar una amplia variedad de temas y adaptarse a los intereses de su audiencia. Esto significa que puedes elegir un tema que te apasione o en el que tengas experiencia y compartir tu conocimiento o perspectiva única con tus oyentes.

Además, **los podcasts tienen un bajo costo de entrada en comparación con otros medios de comunicación**, ya que solo necesitas un micrófono, un ordenador y software de edición de audio básico para comenzar. No necesitas un estudio de grabación profesional ni equipos costosos para producir un podcast de calidad, lo que hace que sea accesible para casi cualquier persona que desee iniciar su propio programa.

Otra ventaja importante es **el potencial de ingresos que ofrecen los podcasts**. Si logras construir una audiencia fiel y comprometida, puedes monetizar tu podcast de varias maneras, como la publicidad, los patrocinios, las donaciones de oyentes, la venta de productos o servicios relacionados con tu podcast, y la creación de contenido exclusivo para suscriptores pagos.

Además, los podcasts tienen un alcance global, lo que te permite llegar a una audiencia mucho más amplia que otros medios de comunicación tradicionales. A través de plataformas de distribución de podcasts como Apple Podcasts, Spotify, Google Podcasts y otros, puedes llegar a millones de oyentes en todo el mundo y aumentar el potencial de ingresos de tu podcast.

Luis López

Para empezar un podcast, necesitas algunos **elementos básicos que te permitirán crear, grabar y distribuir tus episodios**. Aquí hay una lista de lo que necesitas:

1. **Equipo de grabación:** Un micrófono de calidad es esencial para asegurar una buena calidad de audio en tu podcast. Puedes empezar con un micrófono USB asequible, como el Blue Yeti o el Audio-Technica ATR2100, y luego considerar mejorar a medida que crezca tu audiencia. Además del micrófono, es posible que necesites un filtro anti-pop para reducir los ruidos de respiración y un soporte para micrófono para mantenerlo estable durante la grabación.
2. **Ordenador:** Necesitarás un ordenador para grabar y editar tus episodios. Puedes utilizar tanto una computadora de escritorio como una portátil, siempre y cuando tenga suficiente potencia para ejecutar el software de grabación y edición de audio que elijas.
3. **Software de grabación y edición de audio:** Hay varias opciones de software disponibles para grabar y editar tus episodios de podcast. Algunas de las opciones más populares incluyen Audacity (gratuito y de código abierto), GarageBand (para usuarios de Mac) y Adobe Audition (para usuarios avanzados). Estos programas te permiten grabar, editar y mejorar la calidad de audio de tus episodios antes de publicarlos.
4. **Hosting de podcast:** Necesitarás un servicio de hosting de podcast para almacenar y distribuir tus episodios en línea. Hay muchas opciones disponibles, como iVoox, Podbean, Buzzsprout y Anchor, que te permiten subir tus archivos de audio y distribuirlos a través de plataformas de podcast populares como Apple Podcasts, Spotify y Google Podcasts.

En cuanto a **los temas o nichos para hablar en tu podcast**, los mejores son aquellos que te apasionan y en los que tienes experiencia o conocimiento. Algunos temas populares y exitosos incluyen:

- **Autoayuda y desarrollo personal:** Consejos y estrategias para mejorar la calidad de vida, alcanzar objetivos y cultivar hábitos positivos.
- **Emprendimiento y negocios:** Consejos, entrevistas y recursos para emprendedores y empresarios que deseen iniciar, hacer crecer o gestionar sus negocios.
- **Salud y bienestar:** Información y consejos sobre fitness, nutrición, salud mental y bienestar general.
- **Entretenimiento y cultura pop:** Análisis, reseñas y debates sobre películas, series de televisión, música, libros y eventos culturales.
- **Historias de vida y entrevistas:** Conversaciones inspiradoras con personas interesantes y experiencias de vida únicas.
- **Educación y aprendizaje:** Tutoriales, consejos y recursos educativos sobre una amplia variedad de temas, desde idiomas y habilidades técnicas hasta arte y ciencia.

Luis López

Monetizar un podcast implica aprovechar varias estrategias para generar ingresos a partir de tu contenido y tu audiencia. Una de las formas más comunes de monetización es a través de **la publicidad y los patrocinios**. Puedes asociarte con empresas o marcas relevantes a tu nicho y ofrecerles espacio publicitario en tus episodios a cambio de una tarifa. Esto puede incluir menciones en el episodio, anuncios pregrabados o enlaces promocionales en la descripción del episodio.

Otra forma de monetizar es a través de **programas de afiliados**. Puedes promocionar productos o servicios de terceros en tu podcast y recibir una comisión por cada venta o acción realizada a través de tus enlaces de afiliado. Esto puede incluir recomendar libros, herramientas, cursos en línea u otros productos relevantes para tu audiencia.

Además, **puedes ofrecer contenido exclusivo o bonificaciones a tus oyentes a cambio de una suscripción de pago**. Esto puede incluir acceso anticipado a episodios, episodios adicionales, contenido detrás de escena, sesiones de preguntas y respuestas en vivo, o descargas exclusivas. Plataformas como Patreon o Buy Me a Coffee facilitan la creación de membresías o programas de suscripción para tus oyentes.

Otra opción es **la venta directa de productos o servicios relacionados con tu podcast**. Esto puede incluir la venta de merchandising, como camisetas, tazas o pegatinas con el logo de tu podcast, o la creación y venta de productos digitales, como eBooks, cursos en línea o talleres virtuales.

Además, considera la posibilidad de **ofrecer servicios de consultoría, mentoría o coaching relacionados con tu nicho o expertise**. Puedes promocionar tus servicios en tu podcast y trabajar directamente con tus oyentes para ayudarles a alcanzar sus objetivos o resolver sus problemas.

Por tanto, hay varias formas de monetizar un podcast, desde la publicidad y los patrocinios hasta los programas de afiliados, las membresías de pago, la venta de productos y servicios, y más. La clave es encontrar la combinación adecuada de estrategias de monetización que se alineen con tu contenido, tu audiencia y tus objetivos financieros.

Luis López

OPORTUNIDAD 16: GROWTH PARTNER

Un **growth partner** no solo es un colaborador estratégico, sino también un facilitador del progreso empresarial. Su papel no se limita simplemente a proporcionar consejos o sugerencias, sino que implica una inmersión profunda en los desafíos y oportunidades de la empresa asociada. Esto significa entender a fondo su modelo de negocio, sus objetivos a corto y largo plazo, así como su posición en el mercado. Con esta comprensión integral, el growth partner puede idear y ejecutar estrategias personalizadas que impulsen el crecimiento de la empresa de manera significativa.

La monetización como growth partner puede ser diversa y flexible, adaptándose a las necesidades y circunstancias específicas de cada colaboración. Por ejemplo, algunos optan por una estructura de tarifas por hora o proyecto, mientras que otros prefieren acuerdos basados en comisiones o participación en los beneficios. Esta flexibilidad permite a los growth partners ajustar su modelo de negocio según el tipo de servicio ofrecido, el alcance del proyecto y la preferencia del cliente.

Además de las compensaciones directas, el trabajo como growth partner puede abrir puertas a oportunidades adicionales de ingresos a largo plazo. Establecer relaciones sólidas y exitosas con empresas puede llevar a colaboraciones continuas, referencias de clientes y nuevas oportunidades de negocio. En este sentido, el éxito del growth partner está estrechamente ligado al éxito de sus clientes, lo que crea un incentivo poderoso para ofrecer un valor excepcional y un servicio de calidad.

La posibilidad de trabajar como growth partner desde casa se ha convertido en una opción altamente atractiva, especialmente en la era digital actual. La tecnología permite la colaboración remota de manera eficiente y efectiva, eliminando las barreras geográficas y permitiendo a los profesionales trabajar con clientes de todo el mundo sin la necesidad de desplazarse. Además, el crecimiento constante del sector empresarial y la demanda de servicios de consultoría y asesoramiento hacen que el trabajo como growth partner sea una opción prometedora y con mucho futuro para aquellos que deseen emprender en el ámbito del crecimiento empresarial y contribuir al éxito de las empresas desde la comodidad de su hogar.

Luis López

Las funciones de un growth partner abarcan una amplia gama de actividades diseñadas para impulsar el crecimiento y el desarrollo de una empresa. En primer lugar, el growth partner **colabora estrechamente con la empresa asociada** para comprender a fondo su modelo de negocio, sus objetivos estratégicos y su posición en el mercado. Esta comprensión profunda es fundamental para identificar áreas de oportunidad y diseñar estrategias efectivas para el crecimiento.

Una vez que se ha establecido una comprensión clara de la situación actual de la empresa, el growth partner trabaja en colaboración con el equipo directivo para **desarrollar e implementar planes de acción concretos**. Esto puede implicar la identificación de nuevas oportunidades de mercado, la optimización de procesos internos, la expansión de la base de clientes o la mejora de la eficiencia operativa.

Además de diseñar estrategias de crecimiento, el growth partner también desempeña un papel activo en **la ejecución y seguimiento de estas estrategias**. Esto puede implicar el desarrollo de campañas de marketing y ventas, la supervisión de proyectos clave o la evaluación del rendimiento empresarial a través de métricas y KPIs específicos.

Otra función importante del growth partner es **actuar como un catalizador para el cambio y la innovación dentro de la empresa**. Esto puede implicar la introducción de nuevas ideas, procesos o tecnologías que ayuden a la empresa a mantenerse competitiva en un mercado en constante evolución.

En resumen, las funciones de un growth partner van desde la comprensión y análisis de la situación empresarial hasta el diseño e implementación de estrategias de crecimiento, la ejecución y seguimiento de estas estrategias, y el fomento de la innovación y el cambio dentro de la empresa. Su objetivo principal es ayudar a la empresa asociada a alcanzar sus objetivos de crecimiento de manera eficiente y efectiva, actuando como un socio estratégico y un facilitador del progreso empresarial.

Luis López

Convertirse en un growth partner requiere una combinación única de habilidades, conocimientos y experiencia en diversas áreas. Aunque no existe una ruta educativa específica para convertirse en un growth partner, hay ciertos campos de estudio y habilidades que pueden ser beneficiosos para este rol.

En términos de **educación**, una licenciatura o posgrado en áreas relacionadas con los negocios, como administración de empresas, marketing, economía o finanzas, puede proporcionar una base sólida de conocimientos empresariales y estratégicos. Además, la capacitación adicional en áreas específicas como análisis de datos, gestión de proyectos o desarrollo de negocios puede ser beneficiosa para adquirir habilidades técnicas relevantes para el rol de growth partner.

Sin embargo, más allá de la educación formal, **las habilidades blandas desempeñan un papel crucial en el éxito como growth partner**. Estas incluyen habilidades de comunicación efectiva, tanto verbal como escrita, para poder colaborar con equipos internos y externos, así como para presentar ideas y estrategias de manera clara y persuasiva. La capacidad para trabajar en equipo y liderar proyectos también es fundamental, ya que el trabajo como growth partner implica colaborar con diversas partes interesadas y liderar iniciativas de crecimiento empresarial.

Además, **las habilidades analíticas son esenciales** para evaluar datos y métricas empresariales, identificar tendencias y oportunidades, y tomar decisiones fundamentadas para impulsar el crecimiento. Esto puede implicar el uso de herramientas y software de análisis de datos, así como la capacidad para interpretar y comunicar insights relevantes a los equipos de liderazgo.

La experiencia laboral previa en áreas como consultoría empresarial, desarrollo de negocios, marketing o gestión de proyectos puede ser ventajosa para adquirir experiencia práctica y conocimientos específicos del sector que son relevantes para el rol de growth partner. Además, la capacidad para adaptarse rápidamente a entornos cambiantes y aprender sobre nuevas industrias y mercados es clave para tener éxito en este rol dinámico y desafiante.

En síntesis, para convertirse en un growth partner, se necesitan una combinación de educación, habilidades y experiencia en áreas relacionadas con los negocios, así como habilidades blandas como comunicación, trabajo en equipo y liderazgo. Es importante seguir aprendiendo y desarrollando habilidades a lo largo de la carrera profesional para mantenerse actualizado en un entorno empresarial en constante evolución.

Luis López

Para **encontrar trabajo** como growth partner freelance, puedes explorar una variedad de fuentes y plataformas en línea especializadas en oportunidades de trabajo independiente y consultoría empresarial. Aquí tienes algunas opciones:

1. **Plataformas de Freelance:** Sitios web como Upwork, Freelancer y Guru ofrecen una amplia gama de oportunidades de trabajo freelance en diferentes áreas, incluyendo consultoría empresarial y estrategia de crecimiento. Puedes crear un perfil en estas plataformas y buscar proyectos relacionados con el rol de growth partner.

2. **Redes Profesionales:** Plataformas como LinkedIn son excelentes para establecer conexiones profesionales y buscar oportunidades de trabajo como growth partner. Puedes unirte a grupos relacionados con tu campo de interés, participar en discusiones relevantes y conectarte con empresas que puedan necesitar tus servicios.

3. **Sitios de Empleo Especializados:** Algunos sitios web se centran en listados de trabajo para roles específicos, como consultoría empresarial y estrategia de crecimiento. Sitios como GrowthHackers Jobs y AngelList pueden tener listados de trabajo específicos para growth partners y consultores de crecimiento.

4. **Plataformas de Contratación Especializadas:** Hay plataformas diseñadas específicamente para conectar a empresas con consultores y expertos en crecimiento empresarial. Algunos ejemplos incluyen GrowthMentor y GrowthGeeks, donde puedes crear un perfil como experto y ofrecer tus servicios a empresas que buscan asesoramiento en estrategias de crecimiento.

5. **Redes de Emprendedores:** Participar en eventos y conferencias de emprendedores puede ser una excelente manera de establecer conexiones y encontrar oportunidades de trabajo como growth partner. Busca eventos locales o en línea relacionados con el emprendimiento y la innovación, donde puedas conectarte con empresarios y startups que puedan necesitar tus servicios.

6. **Referencias y Recomendaciones:** Aprovecha tu red existente de contactos profesionales y personales para buscar oportunidades de trabajo como growth partner. Pregunta a colegas, amigos y conocidos si conocen empresas que puedan necesitar ayuda en estrategias de crecimiento y consulta si pueden recomendarte para posiciones abiertas o proyectos freelance.

Al utilizar una combinación de estas fuentes y estrategias, puedes aumentar tus posibilidades de encontrar trabajo como growth partner freelance y establecer una carrera exitosa en consultoría empresarial y estrategia de crecimiento.

Luis López

OPORTUNIDAD 17: ENTRENADOR PERSONAL

Un **entrenador personal** es un profesional del fitness que trabaja de manera individualizada con clientes para ayudarles a alcanzar sus objetivos de salud y acondicionamiento físico. Su función principal es diseñar programas de entrenamiento personalizados, proporcionar orientación sobre nutrición y estilo de vida saludable, y motivar a sus clientes para que alcancen su máximo potencial en términos de bienestar físico y mental.

Tradicionalmente, los entrenadores personales han trabajado en gimnasios, estudios de fitness o en sesiones presenciales en casa de los clientes. Sin embargo, con los avances tecnológicos y la creciente demanda de servicios de entrenamiento remoto, **muchos entrenadores personales están adaptando sus prácticas para ofrecer servicios en línea**.

El trabajo de un entrenador personal desde casa, de manera online, implica utilizar una variedad de herramientas y recursos digitales para interactuar con sus clientes y proporcionarles un entrenamiento personalizado. Esto puede incluir sesiones de entrenamiento en vivo a través de videoconferencia, seguimiento de progreso y objetivos a través de aplicaciones o plataformas en línea, y comunicación regular a través de correo electrónico, mensajería instantánea o redes sociales.

Además, los entrenadores personales en línea pueden utilizar videos pregrabados, guías de ejercicios y planes de entrenamiento descargables para complementar las sesiones en vivo y proporcionar a sus clientes recursos adicionales para continuar con su entrenamiento de manera autónoma.

Una de las ventajas de trabajar como entrenador personal desde casa, de manera online, es **la flexibilidad y la capacidad de llegar a clientes de todo el mundo sin las limitaciones geográficas de un lugar físico**. Esto permite a los entrenadores personalizar sus servicios para satisfacer las necesidades individuales de sus clientes y ofrecer un enfoque más accesible y conveniente para el entrenamiento personal.

Luis López

Además del entrenamiento personal, muchos clientes buscan orientación y consejos sobre **nutrición** como parte integral de su programa de bienestar general. En la actualidad, la atención a la nutrición está en alta demanda debido a un creciente interés en adoptar hábitos alimenticios más saludables, mejorar el rendimiento físico y alcanzar objetivos específicos de salud.

Como entrenador personal, **puedes complementar tus servicios ofreciendo asesoramiento nutricional a tus clientes**. Esto puede incluir la evaluación de hábitos alimenticios actuales, la creación de planes de alimentación personalizados para apoyar los objetivos de entrenamiento y la educación sobre nutrición básica y hábitos alimenticios saludables.

Muchos clientes valoran la capacidad de recibir orientación integral sobre su salud y bienestar, lo que incluye tanto el ejercicio físico como la nutrición adecuada. Al ofrecer servicios de entrenamiento personal combinados con asesoramiento nutricional, puedes proporcionar a tus clientes una experiencia completa y holística que aborda todas sus necesidades de bienestar.

La atención a la nutrición también es especialmente relevante en el contexto actual, donde cada vez más personas están buscando formas de fortalecer su sistema inmunológico, mantener un peso saludable y mejorar su calidad de vida en general. Como resultado, los entrenadores personales que pueden ofrecer orientación nutricional adicional tienen una ventaja competitiva en el mercado y pueden atraer a una base de clientes más amplia y comprometida.

Luis López

Para desempeñar eficazmente su trabajo como entrenador personal en línea, tanto en la parte deportiva como en la de nutrición, es fundamental cumplir con ciertos requisitos y habilidades específicas:

1. Conocimientos Profesionales: Poseer una sólida formación y certificación en entrenamiento personal y/o nutrición. Esto garantiza que tengas el conocimiento necesario para diseñar programas de entrenamiento seguros y efectivos, así como para ofrecer consejos nutricionales adecuados.

2. Habilidades de Comunicación: Excelentes habilidades de comunicación verbal y escrita son esenciales para interactuar de manera efectiva con tus clientes en línea. Debes ser capaz de explicar claramente los conceptos de entrenamiento y nutrición, responder preguntas de manera comprensible y motivar a tus clientes a alcanzar sus metas.

3. Adaptabilidad Tecnológica: Estar cómodo utilizando plataformas de videoconferencia, aplicaciones de entrenamiento en línea, herramientas de seguimiento de progreso y comunicación digital. La capacidad de adaptarse rápidamente a nuevas tecnologías y herramientas es clave para ofrecer un servicio eficiente y actualizado.

4. Empatía y Comprensión: Ser capaz de comprender las necesidades individuales de cada cliente y adaptar tus programas de entrenamiento y nutrición en consecuencia. La empatía y la capacidad para establecer una relación de confianza con tus clientes son fundamentales para ayudarles a alcanzar sus objetivos.

5. Organización y Planificación: Ser capaz de organizar y planificar sesiones de entrenamiento, seguimiento de progreso, y programas de alimentación de manera efectiva y eficiente. La organización es clave para garantizar que puedas ofrecer un servicio de calidad y mantener a tus clientes motivados y comprometidos.

6. Actualización Continua: Estar comprometido con la actualización continua de tus conocimientos y habilidades en el campo del fitness y la nutrición. El campo de la salud y el bienestar está en constante evolución, por lo que es importante mantenerse al tanto de las últimas investigaciones, tendencias y prácticas recomendadas.

Cumplir con estos requisitos te permitirá ofrecer un servicio de entrenamiento personal en línea completo y efectivo, tanto en la parte deportiva como en la de nutrición, y garantizar una experiencia positiva y exitosa para tus clientes.

Luis López

Para ganar dinero como entrenador personal y nutricionista en línea, hay varias estrategias que puedes implementar:

1. Tarifas por Sesión o Paquete: Ofrece sesiones de entrenamiento en línea individuales o paquetes de entrenamiento que los clientes pueden comprar. Puedes establecer tarifas por hora o por sesión, o crear paquetes de entrenamiento que incluyan un número específico de sesiones a un precio reducido.

2. Programas de Entrenamiento Personalizado: Diseña programas de entrenamiento personalizados para clientes individuales y cobra una tarifa por el acceso a estos programas. Puedes ofrecer programas de entrenamiento a corto o largo plazo, según las necesidades y objetivos del cliente.

3. Consultoría Nutricional: Ofrece servicios de consultoría nutricional, que pueden incluir la evaluación de hábitos alimenticios, la creación de planes de alimentación personalizados y el seguimiento del progreso nutricional. Puedes cobrar una tarifa por hora de consultoría o por paquetes de consultoría nutricional.

4. Venta de Productos o Recursos: Crea y vende productos digitales relacionados con el fitness y la nutrición, como guías de entrenamiento, recetas saludables, libros electrónicos o programas de entrenamiento en línea. Puedes vender estos productos a través de tu sitio web, plataformas de comercio electrónico o redes sociales.

5. Afiliaciones y Asociaciones: Colabora con marcas de fitness, suplementos o productos relacionados con la salud y la nutrición como afiliado o socio. Puedes promocionar sus productos a tus clientes y recibir una comisión por cada venta realizada a través de tus referencias.

6. Suscripciones y Membresías: Crea un modelo de negocio de suscripción donde los clientes paguen una tarifa mensual o anual para acceder a contenido exclusivo, como sesiones de entrenamiento en vivo, videos de ejercicios, recetas saludables o consejos nutricionales. Esto puede proporcionar ingresos recurrentes y fidelizar a tus clientes a largo plazo.

Para conseguir clientes y promocionar tus servicios en línea, es importante establecer una presencia sólida en internet y utilizar estrategias de marketing digital efectivas. Esto puede incluir la creación de un sitio web profesional, la participación activa en redes sociales, la colaboración con influencers o expertos del sector, la publicación de contenido relevante y útil en tu blog o redes sociales, y la participación en eventos o conferencias en línea relacionadas con el fitness y la nutrición. Cuanto más visibles sean tus servicios, más posibilidades tendrás de atraer clientes y generar ingresos con tu trabajo como entrenador personal y nutricionista en línea.

Luis López

OPORTUNIDAD 18: VENTA DE PRODUCTOS DE SEGUNDA MANO

La venta de productos de segunda mano **implica la compra y venta de artículos usado**s, y es una actividad que puede realizarse fácilmente desde casa. Consiste en adquirir productos que ya no se necesitan o se utilizan en el hogar, como ropa, electrónicos, muebles, libros, entre otros, para luego ofrecerlos a otros compradores interesados a través de plataformas en línea o en mercados locales.

Desde casa, se puede iniciar este negocio seleccionando los artículos que ya no se utilizan, asegurándose de que estén en buenas condiciones y listos para la venta. Luego, se pueden tomar fotografías de alta calidad de los productos y redactar descripciones detalladas para promocionarlos en plataformas en línea como eBay, MercadoLibre, Wallapop, entre otras, o en grupos de venta y compra en redes sociales.

Este negocio es lucrativo hoy día por varias razones. En primer lugar, existe una creciente demanda de productos de segunda mano debido a una mayor conciencia sobre la sostenibilidad y el consumo responsable. Los consumidores están buscando alternativas más económicas y ecológicas, lo que amplía el mercado para la venta de artículos usados.

Además, el acceso a plataformas en línea y herramientas digitales facilita enormemente el proceso de compra y venta, permitiendo a los vendedores llegar a una audiencia global de compradores potenciales desde la comodidad de su hogar. Esto elimina la necesidad de tener un espacio físico para exhibir los productos y reduce los costos asociados con el establecimiento de un negocio tradicional.

En resumen, la venta de productos de segunda mano desde casa combina la compra y venta de artículos usados a través de plataformas en línea o en mercados locales, y es un negocio lucrativo en la actualidad debido a la creciente demanda de productos de segunda mano y al acceso a herramientas digitales que facilitan el proceso de compra y venta.

Luis López

El proceso de venta de productos de segunda mano implica una serie de pasos que, si se realizan correctamente, pueden resultar en una experiencia exitosa y rentable para el vendedor. Para empezar, es crucial **seleccionar cuidadosamente los artículos que se desean vender**. Esto incluye elegir productos que estén en buen estado, funcionen correctamente y sean de interés para posibles compradores.

Una vez seleccionados los productos, es importante dedicar tiempo a prepararlos para la venta. Esto puede implicar limpiar, reparar o mejorar los artículos según sea necesario para aumentar su atractivo y valor. La presentación juega un papel clave en la percepción del producto por parte de los compradores, por lo que es importante tomar fotografías de alta calidad que muestren claramente el artículo y proporcionar descripciones detalladas y precisas.

Al decidir dónde vender los productos, es recomendable **elegir plataformas en línea con una amplia base de usuarios**, como eBay, MercadoLibre, Wallapop o redes sociales como Facebook Marketplace. Estas plataformas ofrecen un alcance más amplio y facilitan el proceso de compra y venta al proporcionar herramientas para gestionar listados, comunicarse con los compradores y gestionar transacciones de forma segura.

Una vez que los productos están listos para la venta y se han publicado en la plataforma elegida, es importante ser proactivo en la gestión de las ventas. Esto implica responder rápidamente a las consultas de los compradores, ser transparente sobre el estado y las características de los productos, y proporcionar un servicio al cliente excepcional en cada paso del proceso de compra.

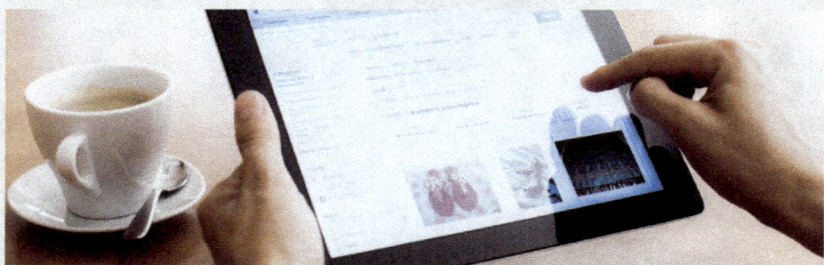

Finalmente, para maximizar las ganancias, **es importante establecer precios justos y competitivos para los productos**, teniendo en cuenta factores como la demanda, el estado del artículo y el precio de mercado. Además, es útil ofrecer descuentos, promociones o envío gratuito para atraer a más compradores y cerrar más ventas.

Luis López

Para conseguir más productos de segunda mano para vender, existen varias estrategias efectivas que puedes implementar:

1. **Búsqueda en tu Propio Hogar:** Comienza revisando tu propio hogar en busca de artículos que ya no necesitas o utilizas. Explora cada habitación, armario y espacio de almacenamiento para identificar objetos que puedas vender. Muchas veces, puedes encontrar una variedad de productos que pueden ser útiles para otros, pero que ya no te son necesarios.
2. **Redes de Contactos:** Pregunta a familiares, amigos y conocidos si tienen artículos que estén dispuestos a vender o regalar. Muchas personas tienen objetos acumulados en sus hogares que están en buen estado pero que ya no necesitan, y pueden estar dispuestos a deshacerse de ellos si se les ofrece la oportunidad.
3. **Visitas a Mercados o Tiendas de Segunda Mano:** Explora mercados de pulgas locales, ferias de intercambio, tiendas de segunda mano o ventas de garaje en busca de productos que puedas adquirir a precios bajos para luego revender. Estos lugares suelen ser una excelente fuente de artículos usados en buen estado a precios accesibles.
4. **Plataformas en Línea de Compra y Venta:** Utiliza plataformas en línea como eBay, MercadoLibre, Wallapop o Facebook Marketplace para buscar y comprar productos de segunda mano a otros vendedores. Estas plataformas ofrecen una amplia variedad de artículos usados que puedes adquirir para luego revender, y te permiten filtrar la búsqueda según tus preferencias y necesidades.
5. **Compra a Granel:** Considera la posibilidad de comprar lotes de productos de segunda mano a granel a través de subastas en línea, liquidaciones de inventario o ventas al por mayor. Esto te permite adquirir una gran cantidad de productos a un precio reducido, lo que puede aumentar tu inventario y tu potencial de ganancias.

Al utilizar estas estrategias y explorar diversas fuentes de productos de segunda mano, puedes aumentar tu inventario y diversificar tu oferta de productos para vender. Recuerda siempre asegurarte de que los artículos estén en buen estado y sean de interés para tu público objetivo antes de adquirirlos para la reventa.

Luis López

OPORTUNIDAD 19: GUÍAS DE VIAJE

Las **guías de viaje** son recursos que ofrecen información detallada sobre destinos turísticos específicos, proporcionando a los viajeros consejos prácticos, recomendaciones de lugares de interés, sugerencias de actividades, opciones de alojamiento, gastronomía local y otros aspectos relevantes para planificar un viaje exitoso.

Estas guías **son útiles tanto para viajeros novatos como para aquellos con más experiencia**, ya que pueden ayudar a optimizar el tiempo, descubrir lugares menos conocidos, evitar errores comunes y experimentar la cultura local de manera más auténtica. Proporcionan una visión general del destino, así como detalles específicos que pueden marcar la diferencia en la experiencia de viaje de una persona.

Crear guías de viaje desde casa puede ser una actividad lucrativa por varias razones. En primer lugar, el mercado de viajes es vasto y siempre está en crecimiento, ya que cada vez más personas desean explorar nuevos destinos y experiencias. Las guías de viaje bien elaboradas y actualizadas pueden satisfacer esta demanda al proporcionar información valiosa y confiable a los viajeros.

Además, el trabajo remoto y la posibilidad de crear contenido digital han facilitado la creación y distribución de guías de viaje desde casa. Los escritores y creadores pueden investigar, redactar, diseñar y publicar guías de viaje en línea, a través de sitios web, blogs, plataformas de autopublicación o incluso redes sociales, llegando así a una amplia audiencia global sin la necesidad de establecer una oficina física.

Luis López

Para crear una guía de viaje de calidad, se requiere una combinación de investigación exhaustiva, habilidades de redacción, conocimiento del destino y capacidad para presentar la información de manera clara y atractiva. Aquí hay algunos elementos necesarios para crear una guía de viaje efectiva:

1. Investigación detallada: Es fundamental investigar a fondo el destino que se va a cubrir en la guía. Esto incluye conocer la historia, la cultura, las atracciones turísticas, la gastronomía, el transporte y otros aspectos relevantes para los viajeros.

2. Experiencia personal: Aunque no es imprescindible, tener experiencia personal en el destino puede enriquecer la guía con información práctica y consejos basados en experiencias reales.

3. Habilidades de redacción: Es importante tener habilidades sólidas de redacción para poder comunicar la información de manera clara, concisa y atractiva. La guía debe ser fácil de entender y estar bien estructurada para que los lectores puedan acceder rápidamente a la información que necesitan.

4. Fotografías de calidad: Las imágenes son un componente importante de una guía de viaje, ya que ayudan a ilustrar los lugares y atractivos mencionados en el texto. Es necesario contar con fotografías de alta calidad que sean representativas del destino y que complementen la información proporcionada.

5. Actualización constante: Los destinos turísticos pueden cambiar con el tiempo, por lo que es importante mantener la guía actualizada con la información más reciente. Esto puede implicar realizar visitas periódicas al destino, seguir noticias y actualizaciones turísticas, y estar atento a cualquier cambio relevante.

6. Plataforma de publicación: Por último, es necesario decidir cómo se va a publicar y distribuir la guía de viaje. Esto puede ser a través de un sitio web, un blog, una plataforma de autopublicación, o incluso en formato impreso, dependiendo de las preferencias y objetivos del creador.

Así pues, para crear una guía de viaje exitosa se requiere investigación exhaustiva, habilidades de redacción, conocimiento del destino, capacidad para presentar la información de manera clara y atractiva, imágenes de calidad y actualización constante. Con estos elementos, es posible crear una guía que sea útil y relevante para los viajeros.

Luis López

Elegir los destinos y formatos adecuados para elaborar guías de viaje requiere un enfoque estratégico y consideración de varios factores. En primer lugar, es importante **investigar y comprender el mercado objetivo al que se dirige la guía**. Esto puede implicar identificar los destinos más populares entre los viajeros en ese mercado, así como áreas menos conocidas pero que tienen potencial para atraer interés.

Además, es útil **considerar el nicho específico al que se dirige la guía**. Por ejemplo, algunas guías pueden enfocarse en destinos familiares, aventuras al aire libre, turismo cultural, viajes de lujo, mochileros, entre otros. La elección del destino y el formato debe alinearse con las necesidades e intereses del público objetivo para garantizar su relevancia y utilidad.

En cuanto a **la publicidad de las guías de viaje**, existen diversas estrategias que pueden emplearse para aumentar su visibilidad y atraer a potenciales lectores. Una opción es utilizar **las redes sociales y los blogs de viajes** para promocionar la guía y generar interés entre la comunidad viajera. Esto puede incluir la creación de contenido relevante relacionado con el destino, compartir reseñas y testimonios, y ofrecer descuentos o promociones especiales.

Otra estrategia efectiva es **colaborar con influencers o bloggers** de viajes que tengan una audiencia afín al público objetivo de la guía. Estas asociaciones pueden ayudar a ampliar el alcance de la guía y generar confianza entre los potenciales lectores. Además, es importante optimizar la presencia en línea de la guía utilizando técnicas de SEO (optimización para motores de búsqueda) para mejorar su visibilidad en los resultados de búsqueda y aumentar el tráfico hacia el sitio web o plataforma donde se encuentra disponible.

Por último, aprovechar las oportunidades de marketing cruzado, como la participación en ferias de turismo, eventos de viajes o colaboraciones con empresas relacionadas con el sector, puede ayudar a aumentar la exposición de la guía y atraer la atención de nuevos lectores. En resumen, elegir los destinos y formatos correctos para elaborar guías de viaje implica investigar el mercado objetivo y alinear la oferta con las necesidades e intereses del público. Para publicitarlas, es importante utilizar una combinación de estrategias de marketing digital, colaboraciones con influencers y marketing cruzado para aumentar la visibilidad y atraer a potenciales lectores.

Luis López

Las guías de viaje elaboradas desde casa pueden venderse en una variedad de plataformas en línea y canales de distribución. Aquí hay algunas opciones populares:

1. **Sitios web propios:** Crear un sitio web dedicado a la venta de guías de viaje es una opción popular para muchos creadores. Esto permite tener control total sobre el proceso de venta y la presentación del producto. Además, se pueden integrar sistemas de pago seguro para facilitar las transacciones.
2. **Plataformas de autopublicación:** Hay varias plataformas de autopublicación en línea que permiten a los creadores publicar y vender sus guías de viaje de forma independiente. Ejemplos incluyen Amazon Kindle Direct Publishing, Smashwords y Lulu. Estas plataformas suelen ofrecer una amplia audiencia y herramientas de marketing para promocionar las guías.
3. **Tiendas en línea:** Otra opción es vender las guías de viaje en tiendas en línea establecidas, como eBay, Etsy o MercadoLibre. Estas plataformas permiten llegar a una amplia audiencia de compradores y ofrecen herramientas de venta y pago seguras.

4. **Plataformas de venta de contenido digital:** Algunas plataformas están especializadas en la venta de contenido digital, como Gumroad o Selz. Estas plataformas ofrecen opciones de personalización y herramientas de marketing para ayudar a promocionar las guías de viaje y aumentar las ventas.
5. **Redes sociales y blogs:** Utilizar redes sociales como Instagram, Facebook o Twitter, así como blogs de viajes, puede ser una forma efectiva de promocionar y vender guías de viaje. Se pueden crear publicaciones o artículos relacionados con el destino y promocionar la guía a través de enlaces directos a la plataforma de venta.
6. **Eventos y ferias de viajes:** Participar en eventos locales, ferias de turismo o mercados de artesanías puede ser una forma efectiva de vender guías de viaje directamente al público. Estos eventos ofrecen la oportunidad de interactuar con los compradores y promocionar las guías de manera personalizada.

Luis López

OPORTUNIDAD 20: ORGANIZACIÓN DE RETIROS VIRTUALES

Los retiros virtuales son como oasis digitales, creados para nutrir el cuerpo, la mente y el espíritu desde la comodidad del hogar. A diferencia de los retiros tradicionales, donde la desconexión física es parte integral de la experiencia, los retiros virtuales ofrecen la oportunidad de sumergirse en un viaje transformador sin tener que alejarse de la rutina diaria. Este enfoque innovador permite a las personas acceder a una amplia gama de actividades significativas y enriquecedoras sin la necesidad de viajar, rompiendo las barreras geográficas y haciendo que la experiencia sea más accesible para todos.

La versatilidad de los retiros virtuales se refleja en la diversidad de temas y formatos que pueden abordar. Desde retiros centrados en el bienestar físico, donde se practican yoga y meditación, hasta retiros dedicados al desarrollo personal, donde se exploran herramientas para el crecimiento interior, la gama de posibilidades es vasta y emocionante. La modalidad en línea permite adaptar el contenido y la duración del retiro según las necesidades e intereses de los participantes, creando así una experiencia personalizada y enriquecedora para cada individuo.

Además de ofrecer una amplia variedad de temas, los retiros virtuales también **destacan por su flexibilidad y conveniencia**. Los participantes tienen la libertad de unirse desde cualquier lugar del mundo y en cualquier momento que les convenga, eliminando así las limitaciones geográficas y horarias que suelen estar presentes en los retiros tradicionales. Esta flexibilidad permite a las personas integrar fácilmente la experiencia del retiro en su vida cotidiana, sin tener que comprometer sus responsabilidades familiares, laborales o personales.

Para organizar retiros virtuales, es necesario contar con una plataforma en línea que facilite la interacción y la participación de los asistentes. Esto puede incluir herramientas de videoconferencia, salas de chat, foros de discusión, recursos multimedia y actividades interactivas. Es importante crear un programa estructurado que combine sesiones en vivo con contenido pregrabado, ejercicios prácticos, meditaciones guiadas, talleres y momentos de reflexión.

Luis López

Existen diferentes tipos de retiros virtuales, cada uno diseñado para abordar diferentes necesidades y objetivos:

1. **Retiros de bienestar físico:** Estos retiros se centran en promover la salud y el bienestar físico a través de actividades como yoga, meditación, ejercicios de respiración, nutrición saludable y prácticas de autocuidado.
2. **Retiros de bienestar mental:** Estos retiros están diseñados para ayudar a los participantes a gestionar el estrés, mejorar la salud mental y cultivar la resiliencia emocional a través de prácticas como la atención plena, la terapia cognitivo-conductual, la visualización creativa y la psicoterapia.
3. **Retiros espirituales:** Estos retiros se enfocan en el crecimiento espiritual, la conexión con uno mismo y la exploración de la espiritualidad a través de prácticas como la meditación, el chamanismo, la astrología, el tarot y la introspección.
4. **Retiros creativos:** Estos retiros ofrecen un espacio para la expresión artística, la exploración creativa y el desarrollo personal a través de actividades como la escritura, la pintura, la fotografía, la música y la danza.
5. **Retiros de desarrollo personal:** Estos retiros están diseñados para fomentar el crecimiento personal, la autodescubrimiento y la transformación a través de actividades de coaching, mentoría, talleres de desarrollo personal y prácticas de liderazgo.

En la actualidad, **uno de los nichos más rentables en el mundo de los retiros virtuales se encuentra en el ámbito del bienestar integral y el desarrollo personal**. Con el aumento del estrés y la ansiedad en la sociedad moderna, encontrar el equilibrio emocional y cultivar un estilo de vida más saludable. Los retiros virtuales que ofrecen actividades como meditación, yoga, mindfulness, terapia emocional, y prácticas de autocuidado están experimentando una gran demanda, ya que proporcionan a los participantes las herramientas y el apoyo necesario para mejorar su bienestar y calidad de vida desde la comodidad de sus hogares.

Además, los retiros virtuales centrados en el crecimiento personal y el desarrollo espiritual también están ganando popularidad. Con la creciente conciencia sobre la importancia del crecimiento personal y la espiritualidad en la búsqueda de una vida significativa y satisfactoria, los retiros virtuales en este nicho se han convertido en una opción atractiva para aquellos que buscan un camino de autodescubrimiento y transformación personal.

Luis López

Para conseguir clientes interesados en participar en tus retiros virtuales, puedes utilizar diversas estrategias de marketing y promoción. Aquí te dejo algunas sugerencias:

1. Redes Sociales: Utiliza plataformas como Instagram, Facebook, LinkedIn y Twitter para promocionar tus retiros virtuales. Crea contenido relevante y atractivo que resalte los beneficios y características únicas de tus retiros, y utiliza hashtags relacionados para ampliar tu alcance.

2. Email Marketing: Construye una lista de correo electrónico con clientes potenciales interesados en el bienestar, la espiritualidad o el desarrollo personal, y envía campañas de correo electrónico regulares para promocionar tus retiros virtuales. Ofrece descuentos especiales o contenido exclusivo para incentivar la inscripción.

3. Publicidad Online: Considera utilizar anuncios pagados en plataformas como Google Ads, Facebook Ads o Instagram Ads para llegar a tu audiencia objetivo de manera más efectiva. Segmenta tus anuncios según intereses, ubicación geográfica y comportamiento en línea para maximizar el retorno de la inversión.

4. Colaboraciones y Alianzas: Establece asociaciones con influencers, bloggers o empresas relacionadas con el bienestar y el estilo de vida saludable para promocionar tus retiros virtuales. Ofrece colaboraciones mutuamente beneficiosas que te ayuden a llegar a una audiencia más amplia y comprometida.

Estas estrategias te ayudarán a captar la atención de clientes potenciales y a promocionar tus retiros virtuales de manera efectiva en línea. Recuerda adaptar tus mensajes y contenido a las necesidades e intereses de tu audiencia para maximizar el impacto de tus esfuerzos de marketing.

Luis López

Resumen de las 20 oportunidades

1. Venta de fotografías

Monetización de habilidades fotográficas mediante la venta de imágenes en línea.

2. Blog o canal de YouTube

Generación de ingresos a través de la creación y monetización de contenido en línea.

3. Coaching

Ofrecer servicios de asesoramiento y orientación para el desarrollo personal o profesional.

4. Gestión de redes sociales

Administración de cuentas de redes sociales para empresas o individuos.

5. Diseño gráfico

Creación de contenido visual y multimedia para clientes o proyectos personales.

6. Productos artesanales

Comercialización de productos hechos a mano a través de plataformas en línea.

7. Marketing de afiliados

Promoción de productos o servicios de terceros a cambio de comisiones por ventas generadas.

8. Venta de cursos online

Creación y comercialización de cursos virtuales sobre temas específicos.

9. Dropshipping

Modelo de negocio sin inventario, facilitando la venta de productos sin almacenamiento físico.

10. Edición de vídeo

Trabajo desde casa editando contenido audiovisual para diversos clientes.

Luis López

Resumen de las 20 oportunidades

11. Tutorías en línea

Ofrecer conocimientos y enseñanzas a través de plataformas virtuales.

12. Productos a medida

Creación y comercialización de productos únicos y personalizados.

13. Narración audiolibros

Grabación y producción de contenido auditivo en formato de audiolibros.

14. eBooks

Creación y distribución de libros electrónicos sobre temas diversos.

15. Podcast

Producción de contenido auditivo regular sobre temas específicos.

16. Growth partner

Colaboración con empresas para impulsar su crecimiento a través de estrategias de marketing y ventas.

17. Entrenador personal

Ofrecer servicios de entrenamiento físico y nutricional a distancia.

18. Segunda mano

Compra y venta de artículos usados.

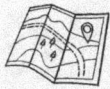

19. Guías de viaje

Creación de contenido informativo y útil sobre destinos turísticos.

20. Retiros virtuales

Experiencias en línea centradas en el bienestar y el crecimiento personal.

Luis López

20 oportunidades de oro para ganar dinero desde casa

El primer paso es creer en uno mismo

Luis López

CONCLUSIÓN

La libertad de trabajar desde casa

Como conclusión, podemos profundizar en los múltiples beneficios que ofrece trabajar desde casa. Trabajar desde el hogar no solo es una opción conveniente, sino que también presenta una serie de beneficios que pueden transformar radicalmente la forma en que vivimos y trabajamos. La flexibilidad en el horario, una de las mayores ventajas, permite a los emprendedores ajustar sus jornadas laborales según sus necesidades individuales y compromisos personales. Esta libertad horaria no solo promueve un mayor equilibrio entre la vida laboral y personal, sino que también brinda la oportunidad de dedicar tiempo a actividades extraprofesionales, como cuidar de la familia, practicar hobbies o mantener un estilo de vida saludable.

Además, la eliminación de desplazamientos diarios no solo ahorra tiempo, sino también dinero y energía. Al trabajar desde casa, se eliminan los costos asociados con el transporte, el combustible o el transporte público, lo que se traduce en un ahorro significativo a lo largo del tiempo. Este tiempo adicional también puede aprovecharse de manera más productiva, ya sea para invertir en el propio negocio, buscar oportunidades de crecimiento profesional o simplemente para disfrutar de momentos de relajación y descanso.

El ambiente familiar y cómodo del hogar también puede tener un impacto positivo en la productividad y la creatividad. Al tener un espacio de trabajo personalizado y adaptado a nuestras necesidades, podemos sentirnos más inspirados y motivados para realizar nuestras tareas diarias. Además, el acceso a comodidades como la cocina, el salón o el jardín puede proporcionar momentos de relajación y renovación que pueden mejorar nuestro bienestar general y nuestra calidad de vida.

Por último, trabajar desde casa ofrece una mayor autonomía y control sobre nuestra propia carrera. Nos brinda la oportunidad de explorar múltiples fuentes de ingresos, seguir nuestras pasiones y perseguir proyectos que realmente nos apasionan. Al ser nuestros propios jefes, podemos establecer nuestras propias metas, tomar decisiones estratégicas y asumir la responsabilidad de nuestro propio éxito profesional y personal.

En resumen, trabajar desde casa no solo es una opción conveniente, sino que también puede ser una vía efectiva para alcanzar el equilibrio, la libertad y el éxito en todas las áreas de nuestra vida.

Luis López

Ahora que has explorado las diversas oportunidades para trabajar desde casa, es hora de pasar a la acción y hacer realidad tus sueños emprendedores. No esperes a que llegue el momento perfecto, porque el momento perfecto es ahora mismo. Toma el primer paso hacia tu libertad financiera y profesional. Empieza por identificar cuál de estas ideas resuena más contigo y se alinea con tus habilidades, pasiones y objetivos. Luego, elabora un plan de acción claro y conciso para comenzar a implementar esa idea. Establece metas alcanzables y da pasos concretos cada día hacia la realización de tu visión.

Recuerda que el camino del emprendimiento puede tener sus desafíos, pero también está lleno de oportunidades y recompensas. Mantén una mentalidad positiva y perseverante, y no tengas miedo de aprender de tus errores y ajustar tu enfoque según sea necesario. Confía en ti mismo y en tu capacidad para triunfar, y nunca subestimes el poder de la acción constante y enfocada.

Así que, ¿qué estás esperando? ¡Es hora de levantarte, tomar las riendas de tu destino y comenzar a construir la vida que realmente deseas! ¡Adelante, emprendedor, el mundo está esperando tus brillantes ideas y tu valioso aporte! ¡Hazlo realidad, hoy mismo!

— *Luis López*

Luis López

www.ingramcontent.com/pod-product-compliance
Lightning Source LLC
Chambersburg PA
CBHW050234230526
45470CB00005B/1954